novum pro

AF172254

KARLHEINZ STÖFLIN

Der eingebildete Schwan

novum pro

www.novumverlag.com

Bibliografische Information
der Deutschen Nationalbibliothek:

Die Deutsche Nationalbibliothek
verzeichnet diese Publikation in
der Deutschen Nationalbibliografie.
Detaillierte bibliografische Daten
sind im Internet über
http://www.d-nb.de abrufbar.

Alle Rechte der Verbreitung,
auch durch Film, Funk und Fernsehen,
fotomechanische Wiedergabe,
Tonträger, elektronische Datenträger
und auszugsweisen Nachdruck,
sind vorbehalten.

© 2020 novum Verlag

ISBN 978-3-99107-060-3
Lektorat: Katja Wetzel
Umschlagfotos: Valery Nosko,
Svetlana Alyuk | Dreamstime.com
Umschlaggestaltung, Layout & Satz:
novum Verlag

Gedruckt in der Europäischen Union
auf umweltfreundlichem, chlor- und
säurefrei gebleichtem Papier.

www.novumverlag.com

Inhalt

Lyrische Bilder

Die Stille	9
Der Deal	10
Amors Pfeil	11
Der Apfel aus dem Paradies	12
Bergfrieden	13
Die Mutter aller Fragen	16
Augenweiden	17
Tag und Nacht	20
Time!	21
Rastlos	22
Wahrhaftig	23
Der Sternenkönig	24
Das Salz im Meer	27
Der Abend	28
Ode an Greta	30
Wenn alles getan ist	31
Die Metamorphose der Liebe	32
Feierabend	34
Sei mir vertraut	36
Wie sage ich es?	37
Glück	38
Durch die Blume	39

Epische Bilder und Balladen

Das letzte Hemd	43
Das große Geschenk (Adoption)	46
Unsere Väter	48
Das schönste Fest des Jahres	51
Seltsame Welt	55

Sehr sinnig 57
Die Mimik 62
Der Dichter 63
Schwein gehabt 68
Ein semantischer Unfall 71
Die guten alten Sprichwörter 73
Europa (Ballade) 75
Die hohe Vollversammlung 81
Die kosmischen Bausteine 86
Der Weg nach innen 91
Der Geist der 68er 96
Der neue Zeitgeist 101

Prosa

Ein Sommertag in meinem Dorf 111
Geschichten aus meiner Kindheit 115
Aushelfen auf dem Felde 118
Mein Großvater 121
Meine Großmutter 127
Nun das Gedicht (in Mundart): 129

Lyrische
BILDER

Die Stille

Wo ist die Stille, wo die Ruhe?
Versteckt in einer alten Truhe?
Damit der Lärm sie nicht verzehret,
bis irgendwer nach ihr begehret?

Wer sie begehrt, der muss sie suchen,
sie zeigt sich nur mehr selten,
Sie ist mit ihren leisen Schuhchen
schon längst in andren Welten.

In alten Zeiten, ja,
da war sie einfach da
und legte ihre sanfte Decke
auf alles, was da war.

Heut schafft es nicht einmal der Winter
mit seinem übergroßen Tuch.
Ich komme nicht dahinter,
mir ist, als wär's ein Fluch.

Der Deal

Wer etwas will, der zahlt dafür.
Der Wert bestimmt den Preis.
Ein Deal ist immer angemessen,
auch wenn man's später besser weiß.

Wer nachher jammern will und klagen,
der scheint mir recht verdreht.
Man muss sich vorher fragen,
wohin die Reise geht.

Amors Pfeil

Es streiten sich die Geister,
ob es das wirklich gibt,
dass man nach einem Blick
schon einen Menschen liebt.

Nur wer's erlebt hat, wird es wissen,
der andere vielleicht vermissen.
Wohl dem, der so die Liebe spürte,
und fast das Himmelstor berührte.

Die Liebe ist das Schönste,
was je aus einem Herzen dringt.
Ein wundersames Glas,
aus dem man gerne trinkt.

Es wird nur allzu oft erwartet,
dass dieser Zustand bleibt,
und dann ganz ohne Zutun,
von selbst Geschichte schreibt.

Wer Liebe also falsch versteht
und sie nicht hegt und pflegt,
dem ist sie wie ein Blatt,
das rasch im Wind verweht.

Kein Sturm kann sie verwehen,
wenn beide mit dem Herzen sehen.
Das will nur nicht von selbst gelingen,
es müssen beide darum ringen.

Der Apfel aus dem Paradies

Wir haben schon in alten Zeiten
auf freche Weis versucht,
das Wissen auszuweiten
und wurden dann verflucht.

Der Apfel, eigentlich nur angebissen,
de facto kaum verzehrt,
vermittelte trotzdem ein Wissen,
mit dem der Mensch Balancen stört.

So ist es regelrecht ein Segen,
dass wir nicht noch mehr wissen.
Wir würden wohl den „großen Bär" erlegen
und am Saturn die Fahne hissen.

Bergfrieden

So sehr sich Städter auch bemühen,
mondän und elegant zu sein,
sie wollen doch der Stadt entfliehen,
und sich von ihrem Dunst befrei 'n.

In ihr hat Ruhe keine Heimat
und auch Geduld will hier nicht sein.
Nur der, der wenig Zeit hat,
der passt in sie hinein.

Geplagt vom Lärm, den sie hervorruft,
gereizt vom Atem, den sie hat,
wird eine Stimme in mir lauter,
ruft nach dem Wanderstab.

Dann zieht's mich raus zu meinem Berg,
zu ihm, der in der Landschaft thront.
Ich mache mich sogar zum Zwerg,
damit der Weg sich doppelt lohnt.

Je näher ich ihm komme,
so schneller wird mein Schritt.
Den Einlass kaum erbeten,
umarmt mich schon der Hain,
der Tann durchdringt die Lunge,
macht meine Sinne rein.

Ich steige hoch an seiner schroffen Büste,
bis in sein krauses Haar,
seh' weit entfernt die Häuserwüste,
in der ich eben war.

Nun spüre ich die Ruhe,
mein Blick wird hell und klar,
ich habe mich gefunden –
Die Welt ist wunderbar!

Ich schau entzückt auf seine Kinder,
die friedlich in der Landschaft liegen,
sehe entfernt die weiß bedeckten Brüder –
zu ihnen möchte ich fliegen.

Das Glück genießend –
hier ist der rechte Ort –
erschweige ich mein Dasein,
entsage jedem Wort.

Hör' gern das Plätschern kleiner Quellen,
das Rauschen, das aus Wipfeln dringt,
bewundere den Milan,
wenn er sich stolz nach oben schwingt.

Wie gern würd' ich noch bleiben,
es liegt sich gut in seiner Näh'.
Es neiget bloß der Tag sich,
er schmilzt wie Frühlingsschnee.

Der Tann wird stetig dunkler,
die Nebel steigen hoch,
der Wald wird immer stiller,
wie lange darf ich noch?

Ich weiß, der Abend rückt nun näher,
nehm' es nur zögernd wahr;
möcht kindhaft trotzig halten,
was mir so wichtig war.

Doch sieh: Ein Vogel fliegt zum Neste,
er zeigt mir, wie es geht.
Man muss vom Glück sich lösen,
auch wenn man's nicht versteht.

Die Mutter aller Fragen

Zwei Kräfte glauben, sie hätten was zu sagen,
zur großen Frage aller Fragen.
Sie wüssten, was die Antwort wäre
und gaben sich schon oft die Ehre.

Die eine Kraft, sie nennt sich Alma Mater,
erblickt im Urknall den Beginn;
die andere, mit dem Gottvater,
erkennt im Zufall keinen Sinn.

Konkret gesagt, auch unter größtem Zwang,
kann ich dem Urknall nichts entringen,
bin mehr geneigt bei Glockenklang
ein Kirchenlied zu singen.

Die Neigung ist natürlich nicht Gewissheit,
ich bin mir dessen wohl bewusst,
doch auch der Gegenspieler sucht Beweise,
und bliebe besser still und leise.

Nicht, dass die Toten ich beneide,
doch wissen die, was ich nicht weiß.
Und das, womit ich mich bescheide,
macht den Diskurs so heiß.

So wird, wer lebt, wohl nie erfahren,
woraus zeitlebens er getrunken.
Die Antwort – schüchtern wie ein Reh –
zeigt sich, wenn ich zur Quelle geh.

Augenweiden

Ich liebe es, an einem Platz zu sein,
wo Rosen blüh'n und Orchideen.
Hier kann mein Auge sich erfreuen,
sie sind so herrlich anzusehen.

Die Blumen eigentlich ganz generell
erfreuen mich mit ihren Blüten.
Manch eine ist umrankt sogar
mit wundersamen Mythen.

Die eine wirkt verstohlen,
lässt sich nicht gern berühren.
Die andre, recht unverhohlen,
als wollt' sie mich verführen.

Oft wird die schönste aller Schönen
sehr lange nicht entdeckt,
weil sie sich scheu und schüchtern
hinter den anderen versteckt.

Wenn sie im Wind sich wiegen,
die Blüten in den Himmel strecken,
dann spür ich, wie sie das Vergnügen,
zu leben, in mir wecken.

Wer kann den Reizen widerstehen,
achtlos daran vorübergehen?
Ich kann es nicht, ich bleibe stehen,
ich muss sie riechen, fühlen, sehen.

Die Blume aber ist nur ein Aspekt,
der meine Lebensfreude weckt.
Die Anmut, die ich meine,
haben die Blumen das, alleine?

Sind Mädchen nicht den Blumen gleich,
in Wesen, Wirkung und Gestalt?
Sie machen auch das Leben reich,
und sind mit Anmut gut bestallt.

Ich liebe es, an einem Ort zu sein,
wo Mädchen sind und junge Frauen.
Hier kann mein Auge sich erfreuen,
sie sind so herrlich anzuschauen.

Oft hat die holde Weiblichkeit –
auch wenn nur zart bedeckt –
gar nicht so sehr Begehrlichkeit,
als Lebenslust in mir geweckt.

Die eine wirkt verstohlen,
lässt sich nicht gern berühren.
Die andre, recht unverhohlen,
als wollt sie mich verführen.

Oft wird die schönste aller Schönen
sehr lange nicht entdeckt,
weil sie sich scheu und schüchtern
hinter den anderen versteckt.

Wenn sie im Tanz sich wiegen,
die Hände in den Himmel strecken,
dann spür ich, wie sie das Vergnügen,
zu leben, in mir wecken.

Wer kann den Reizen widerstehen,
achtlos daran vorübergehen?
Ich kann es nicht, ich bleibe stehen,
ich muss sie riechen, fühlen, sehen.

Ob Blumen oder Mädchen,
sie sind mir beide lieb und wert.
Als frischer Quell der Freude
von mir geschätzt und auch verehrt.

Tag und Nacht

Der Morgen hat die Nacht erschlagen
und alles, was ich träumte, weggetragen.
Nun will er gar, dass ich ihm danke
und liebevoll sein Haupt umranke.
Ich aber bin ihm gram,
dass er so ungestüm des Weges kam.
Wär gerne noch im Traum geblieben,
hätt' er mich nicht ins Jetzt getrieben.
Zu allem Übel wird es laut und heller
und alles, was noch ruhte, wird jetzt schneller.
Kann nicht mehr halten, was so schön war,
denn Glück und Träume sind nicht dehnbar.
Fühl mich zutiefst betrogen.
Zu dem, was kommt, nicht hingezogen.

Time!

All das, was heut alltäglich,
kann morgen kostbar sein.
Die Menschheit scheitert kläglich,
fällt ihr nicht bald was Gutes ein.

Die Gletscher werden kleiner,
der Meeresspiegel steigt,
es kennt die Folgen keiner,
weil man sie gern verschweigt.

Die Stürme werden stärker,
die Fluten nehmen zu,
die Heimat wird zum Kerker
und Müll kommt noch hinzu.

Die Arten sind im Schwinden,
im Großen und im Kleinen.
Mit nichts ist zu begründen,
wenn Kinder Hungers weinen.

Noch plaudern wir ganz munter,
doch nicht mehr allzu lange.
Wir gehen mit Fanfaren unter.
Es ist zu viel im Schwange.

Was wir in Wahrheit nicht ertragen,
sind wir, für uns allein.
Wir werden nicht mehr lange klagen,
wir werden bald nicht sein.

Rastlos

Wenn immer ich wo hinkam,
war ich schon wieder fort.
Ich fand nicht, was ich suchte,
egal an welchem Ort.
Der Weg war immer steinig
und längst nicht wie erträumt.
Was hat sich nicht schon alles
in mir sich aufgebäumt.
Ich suchte, aber fand nicht,
den heiß ersehnten Ort.
Wozu noch länger suchen?
Er lebt ja nur im Wort.

Wahrhaftig

Wenn viele Menschen sich begegnen,
dann kann es reichlich Worte regnen.
Sehr häufig sind die kleinen Geister
im Plappern große Meister.
Sie denken wenig, reden viel,
vernebeln Fakten und das Ziel,
und füttern fleißig Attitüden,
sodass die großen Geister schnell ermüden.
Die großen Geister aber, die sind leise.
Wer ständig plappert, ist nicht weise.
Sie lauschen mehr, als dass sie fragen,
sie haben aber trotzdem was zu sagen.
Sie werden nur nicht gern gehört,
weil es die kleinen Geister stört.
Wahrhaftig aber ist, wer sagt, was ist
und sich nicht an der Menge misst.
Die Wahrheit braucht der Worte wenig.
Wer sie erkennt, macht sich zum König.

Der Sternenkönig

Die Flügel voll entfaltet,
so steh' ich heut vor dir.
Das Glück scheint längst erkaltet.
Es leuchtet nichts in dir.

Wo Glück ist, strahlen Lichter!
So stell ich mir das vor.
Der Alltag, der ist schlichter,
da lodert nichts empor.

Für jedes Glück gibt's einen Stern,
es leuchten Abermillionen.
Ich würde für mein Leben gern
in ihrer Mitte wohnen.

Wohlan, nun flieg ich zu den Sternen,
vielleicht nie mehr zurück.
Will aber nicht von ihnen lernen,
wiewohl, wo Licht ist, ist auch Glück.

Der Flügelschlag ging hoch empor,
ließ alles hinter mir verschwinden
und hinter einem großen Tor,
da sollte ich mein Glück dann finden.

Da waren sie, die hellen Sterne,
doch dunkle auch und nicht zu wenig.
Und da! Aus nicht zu großer Ferne,
da winkte mir ein König.

Stolz blickte er auf seine Sterne,
die dunklen *und* die hellen
und eine Melodie erklang, wie die
des Meeres und der Liebe Wellen.

Die Melodie verschlang die Strahlen,
nun waren alle Sterne gleich.
Und aus dem Licht, dem fahlen,
schimmerte der Mond, ganz bleich.

Jetzt, wo ich dem Glück so nah,
entschwindet mir das Licht?
Es wurde warm, doch was ich sah,
verstand mein kleines Herzchen nicht.

Die hellen nun auf einmal dunkel?
Wohin ist all die Pracht?
Hat denn die Wärme das Gefunkel
zu einem Lichterzwerg gemacht?

Da hob er plötzlich seine Hand
und alles Licht war neu entbrannt.
Was aber war das jetzt für ein Gefühl?!
Jetzt war es hell, doch auch recht kühl.

Was will der Wandel mir nun sagen?
Kennt dieser König meine Klagen?
Ich wähnte Glück allein im Lichte!
Ist all mein Wähnen nun zunichte?

Er merkte, dass ich staunte
und sehr verwundert war
und hörte, wie ich raunte:
„Was mache ich dann da?!"

Er sah mich an und fragte leise:
„*Hat sich gelohnt, die lange Reise?*
Doch halt – sprich es nicht aus!
Das Glück ist leicht verletzlich!
Das stille Glück, im dunklen Haus,
siehe, es leidet ganz entsetzlich.
Es ist ein Stück von jenem Glück,
das jemand nicht erkannte."

Ich war beschämt, flog schnell zurück,
obwohl er keinen Namen nannte.
Die Flügel noch nicht eingezogen,
stellte ich weinend fest:
„*Ich habe mich wohl selbst betrogen.*"
und suchte schnell den stillen Rest.

Ich drückte das, was mir noch blieb,
ganz fest an meine Wange.
Es strahlte nicht, war aber nah
und wärmte mich sehr lange.

Das Salz im Meer

Ein frischer, junger Quell,
hoch oben in den Bergen,
drängt fröhlich aus den Steinen
und eilt voll Freude zu den Seinen.

Eh er sich in das Meer ergießt,
vereinigt er sich tausend Male.
so wird er groß und mächtig
und macht die Ufer prächtig.

Die süßen Flüsse würden aber staunen,
wenn sie die Wahrheit wüssten.
Sie tragen nämlich Salz in sich,
vom Quell bis zu den Küsten.

Das Salz stammt von den Bergen.
Wie aber kam es dort hinein?
Ist es das Werk von tausend Zwergen?
Erzeugt im Mondenschein?

Nein, nein, die Berge sind in alten Zeiten
ja alle einem Meer entstiegen.
Und ja, auch süße Äpfel werden salzig,
wenn sie im Meereswasser liegen.

Dann also war das Meer schon salzig,
eh es die Berge gab?
Ich steh vor einem Rätsel.
Nehm' ich es mit ins Grab?

War erst das Huhn und dann das Ei?
Es ist genau die gleiche Frage.
Ruft man die Wissenschaft herbei,
dann wird die Antwort oft zur Plage.

Der Abend

Wer ist es, der den Tag so spät noch adelt?
Und ja, zuweilen auch noch tadelt?
Ist es der Abendmond, sind es die Sterne?
Oder der Eulen Ruf in weiter Ferne?

Nun ja, der Tag hat auch Symbole,
sie sind nur nicht romantisch.
Sie machen Stress und viel Gejohle
und sind im Fortschritt dilettantisch.

Diese Symbole sind sehr schnell vergessen,
wenn mild der Abend lacht.
Der Tag, von stetem Tun besessen,
weicht dann erschöpft der sanften Macht.

Bald macht er keine Schritte mehr,
die Stimmen werden leise,
er ist nun ausgebrannt und leer
und macht sich auf die Reise.

Kaum ist er weg, ist sie schon da,
die mir als blau bekannte Stunde.
Sie hat kein großes Zeit-Etat
und dreht nur eine Runde.

Dann aber ist er endlich da, der Abend,
jetzt kann er sich entfalten.
Aber auch er hat wenig Zeit,
zum Schalten und zum Walten.

Ihm sitzt ja schon im Nacken,
die freundlich schwarze Macht.
Sie hat manch bravem Menschen
schon sehr viel Glück gebracht.

Am Tage ist der Mensch getrieben,
dem Fortschritt nur ein stumpfes Schaf.
Wohl denen, die die Schöpfung lieben,
denn ihnen gibt's der Herr im Schlaf.

Ode an Greta

Die Wälder stehen unter Flammen,
der Himmel rot gefärbt.
Die Mächte rotten sich zusammen.
Mein Kind, was hab ich dir vererbt?

Die Gletscher sterben leise,
die Bäche schwellen an,
der Sturm schlägt eine Schneise.
Oh Kind, was haben wir getan?

Insekten sterben wie die Fliegen,
die Früchte bleiben aus
und was nicht stirbt in Kriegen,
das stirbt geschwächt zu Haus.

Getreide wird zwar wohl verwendet,
doch auch zuhauf verschwendet.
Fünf Gänge für die einen
und Millionen haben keinen.

Der Wirtschaft teuflische Spirale
zieht alle ins Verderben.
Genügsamkeit und edle Ideale,
dann würde niemand hungers sterben.

Die jetzt am Ruder sind,
die schaffen keine Wende.
Sie sind aus falschem Eifer blind,
mit dem Latein am Ende.

Ich lege meine ganze Hoffnung
daher in deine Hände
und bete Tag für Tag, mein Kind,
dass dir gelingt die Wende.

Wenn alles getan ist

In jenen ruhigen Stunden,
in denen sich der Abend neigt,
habe ich oft gefunden,
was sich am Tag nicht zeigt.

Die Kraft, die ich oft suchte,
verbirgt am Tag sich sehr geschickt,
und wenn ich noch so fluchte,
sie zeigte sich mir nicht.

Am Abend aber ist sie da, die Ruhe,
steigt langsam, still und stetig
hervor aus einer kleinen Truhe
und wird auf ihre Weise tätig.

Sie legt sich sanft auf alles,
was kurz zuvor noch glühte.
Selbst auf die Blumenwiese,
die tags so herrlich blühte.

Sie bringt uns gute Geister
und keiner hat es eilig.
Daher ist dieser Frieden
auch vielen Menschen heilig.

So glänzt der Abend dann mit Stille,
das Licht ist nur noch matt,
im Gras zirpt eine Grille,
die unter Tag geschwiegen hat.

Der Mond schaut lächelnd nieder,
als wär er amüsiert
und auch die Sterne prahlen wieder.
Die Nacht hat mich berührt.

Die Metamorphose der Liebe

Wenn Apfelbäume Blüten tragen,
dann sind die Bäume richtig schön.
Wenn Kinder Purzelbäume schlagen,
lässt sich sogar die Seele sehen.

Wie aber steht es mit der Liebe,
zeigt sie sich auch so klar?
Wie halten sich die zarten Triebe,
dann später, Jahr für Jahr?

Am Anfang, ja, da ist viel Feuer,
die Flammen schlagen hoch empor,
die Herzen brennen ungeheuer
und eilen dem Verstand zuvor.

Da sind die zwei in einer andren Welt
und gehen Wang' an Wange.
Wenn dieses schöne Feuer hält,
lebt auch die Liebe noch sehr lange.

Wird dieses Feuer aber schwächer
und bleibt am Ende nur die Glut,
dann hüte sie mit sanfter Stimme,
damit sie dir nicht ganz verglimme.

Das fühlt sich aber an,
wie wenn ein Tag zur Neige geht,
und selbst bei klarer Nacht
kein Stern am Himmel steht.

Gänzlich verloren ist die Liebe dann,
wenn sich kein Gleichklang findet
und alles, was mal war,
in Apathie entschwindet.

Dann hat sie keinen Boden mehr
und wünscht sich, selbstlos zu erblassen,
oder sogar den Tod einher,
um nicht im Gegenzug zu hassen.

Feierabend

Ein alter Mann auf einer Bank,
sein Blick ruht in der Ferne.
Er suchte, fand aber nicht
die sonst so hellen Sterne.
Die Kirchenuhr erzählte,
dass es erst Mittag war.
Wer jetzt nach Sternen suchet,
der ist im Kopf nicht klar.
Zu Mittag leuchtet ja die Sonne,
die ist ihm aber viel zu grell,
und auch des Tages Wirbel
ist ihm schon viel zu schnell.
Ein schöner Ort, ja fast Oase,
ist da die Bank am Weiher.
Hier sitzt er gern und döst,
umhüllt von einem Schleier.

Der Schleier ist die Stille
und ein Geschenk der Zeit.
Den Schleier trägt er gerne,
es ist sein liebstes Kleid.

Obwohl's am Weiher ruhig ist
und niemand ihn hier stört,
er spürt in seinem Herzen,
dass er nicht hergehört.
Es zieht ihn zu den Sternen
die hoch am Himmel stehen.
Er ist des Lebens müde
und möchte einfach gehen.
Er will sogar sofort zu ihnen
und nicht bis Abend warten.
Er will hinauf ins Paradies,
in seinen letzten Garten.

Sein leises Flehen
war letztlich nicht vergebens.
Er fand sein Glück, des Nachts,
doch nicht zeitlebens.

Sei mir vertraut

Ich will deine Gedanken, alle,
sie sind ein Teil von dir.
Doch was du sprichst, ist nicht dasselbe,
das sagt mir mein Gespür!

Wie aber soll ich wissen, wer du bist,
wenn nur die Worte mich erreichen?
Ich möchte wissen, wie du denkst,
und mich mit dir allzeit vergleichen.

Ich möchte alles von dir wissen,
auch das, was du nicht gerne sagst.
Und ja, schon gar nicht will ich missen,
was du dich selbst oft prüfend fragst.

Das alles bist ja du!
Was also soll mir fremd sein?
Mir wäre nichts an dir tabu,
will näher als dein Hemd sein!

Ich will sie daher sehen, deine Seele,
nebst aller dunklen Seiten.
Ich will sie kennen, deine Wege,
und dich auf Schritt und Tritt begleiten.

Wie sage ich es?

Wenn hoch am Himmel Wolken ziehen,
dann denk ich oft, es sind Gedanken.
Gedanken, die dem Wort entfliehen
oder den sonst wie auferlegten Schranken.

Es ist nun mal des Menschen Sprache,
ein nicht so ideales Instrument,
um Bilder an die Wand zu malen,
in denen das gedachte Feuer brennt.

Zuweilen ist sie auch ein schneller Maler
und färbt was grün ist oft auch blau.
Und wäre sie ein Komponist,
dann wäre sie im Klange ungenau.

Es will, so wie mir scheint,
sehr selten nur gelingen,
Gedanken voll und ganz
ans Tageslicht zu bringen.

Gedanken sind wohl eher Flüsse.
Im Quell zwar hell und klar,
wenn sie ins große Delta fließen,
ist aber nichts mehr, wie es war.

Das, was man meint und denkt,
lässt sich mit Worten zwar beschreiben.
doch sind's die Feinheiten dazwischen,
die meistens auf der Strecke bleiben.

Man müsste also aus der Quelle trinken,
noch ehe sie sich sprudelnd zeigt,
um das zu spüren und zu finden,
was uns die Sprache oft verschweigt.

Glück

Einem dünnen Schleier ähnlich,
wiegt es sich hin und her.
Manchmal, da meint man es zu spüren
und dann auf einmal doch nicht mehr.
Ist's aber da, oh Wonne!
Dann strahlt auch nachts die Sonne.
Dann geht's mit breiten Schwingen
wohl dort hinauf, wo Engel singen.
Dann stehst du neben dir,
weißt nicht, wohin mit den Gefühlen,
spürst tausend Tränen im Gesicht
und willst die Wangen kühlen.
Weil nichts im Leben ewig ist,
verglüht auch dieses Feuer,
doch ist die Asche mir daraus
auf ewig lieb und teuer.

Durch die Blume

Wenn stolz ein Falter auf den Blüten thront,
dann ist, wer Blumen pflegt, sofort belohnt.
Zitronenfalter, tags auf einem Oleander
da reiht sich Pracht und Freude aneinander.
Pfingstrosen, dunkelrot, die Blüten übermächtig,
sind früher Lohn und äußerst prächtig.
Als treuer Strauch zeigt sich der Flieder,
recht stark im Duft, ansonsten bieder.
Im Wuchse hoch, der Strang gerade
so hält die Lilie am Tag Parade.
Wenn schon nicht bunt, so stark im Glanz,
das tiefe Grün, aus dem der Lorbeerkranz.
Die meisten Farben aber zeigen Rosen,
als schöpften sie aus 1000 Dosen.
Sie duften zart und schmeicheln meiner Nase
sie duften auch halb tot, aus einer Blumenvase.
Sie trotzen selbst dem ersten Schnee,
und wer sie bricht, dem tun sie weh.
Die Orchidee, meist sehr begehrt,
hat mich bislang noch nie betört.
Die Tulpen, durch und durch bescheiden,
indes sind meine Augenweiden.
Sie sind so schlicht und trotzdem elegant,
wie ich's an keiner Blume fand.
Die Tulpe will auch bleiben, wo sie ist,
sonst zeigt sie schnell, was sie vermisst.
Dann lässt sie rasch das Köpfchen hängen,
und löst sich so aus allen Zwängen.
Die vielen, die ich nicht erwähnte,
die mögen mir verzeihen,
es kommen nämlich bald Jahrzehnte,
da wird nicht viel gedeihen.

Die Bienen, die der Blumen Zukunft sind,
sie sterben schon im Sommerwind.
Auch ich werd' einmal Abschied nehmen
und wünsch mir dann 3 Chrysanthemen.
Sie sind Symbol für mich und letzte Freude,
obwohl ich frischen Wuchs damit vergeude.

Epische
BILDER UND BALLADEN

Das letzte Hemd

Als Kind ist mir oft aufgefallen,
dass alte Menschen keine Türen knallen.
Sie gingen langsam, sprachen leise
und hatten eine andre Lebensweise.
Sie saßen gern und lang im Schatten
und redeten recht spärlich.
Nicht, dass sie nichts zu sagen hatten,
sie fanden vieles nur entbehrlich.

Ich sah sie selten lauthals lachen
und nie was richtig Dummes machen.
Wenn sich was zeigte in den Runzeln,
dann hie und da ein leichtes Schmunzeln.
Wenn sie einander etwas wünschten,
dann war es bieder und banal.
Gesundheit, immer nur Gesundheit,
als wär's das höchste Ideal.

Ich dachte oft, da stimmt was nicht,
gibt es sonst nichts im Leben?
Das kann doch wohl nicht alles sein,
so wunschlos, ohne Streben.
So will ich niemals werden,
das hab ich mir geschworen.
Das Leben will genossen sein!
Wozu ist man geboren?

Gesundheit war für mich kein Thema,
es schien mir gar nicht wichtig.
Wer krank war, lebte falsch,
ich war gesund, ich lebte richtig.
Behutsamkeit und Vorsicht,
erschien mir als Ballast.
Der Zampano hat Vorrang,
auch wenn's nicht jedem passt.

Bescheidenheit sei eine Zierde,
verwerflich die Begierde.
Wer Geld hat, kann sich's aber richten,
wer wenig hat, der muss verzichten.
Mir war daher nie wirklich fad,
ich hatte sogar Spaß im Hamsterrad.
Es diente alles nur dem Streben,
nach einem schönen, besseren Leben.

Hab daher fleißig Werte angehäuft
und wie verrückt geschuftet.
Weiß endlich, wie der Hase läuft,
doch nicht, wie eine Rose duftet.
Nie dachte ich ans letzte Hemd,
schon gar nicht an die Weis der Alten.
Und ich, einst stolz und ungehemmt,
bekam nun plötzlich Falten.

Jaja, die Falten sind wie eine Uhr,
da lässt sich nichts verhandeln.
Es will nun mal Mutter Natur,
dass sich die Dinge wandeln.
Jetzt zähl' ich also zu den Alten.
Werd' ich mich etwa gleich verhalten?
Die Ruhe schätze ich bereits
und sitze gerne schon abseits.

Ich bin schon längst genügsam,
ich hab's nur nicht bemerkt,
und nehme auch ein Mittel,
das meinen Kreislauf stärkt.
Ich bange sogar täglich,
dass nichts an Krankheit mich ereilt
und bliebe gerne noch beweglich,
falls diesen Wunsch das Schicksal teilt.

Doch was darf ich erwarten?
Hab' ich nicht schon genug geholt?
Was hab' ich noch für Karten?
Wie ist mein Glück gepolt?
Es stellt sich überhaupt die Frage,
ob es so gut war, wie ich lebte,
ob mir bewusst war, all die Tage,
wonach ich ständig strebte.

Die Summe aller angehäuften Werte
erscheinen heute mir als Last.
Wenn vieles, nun, mir nicht gehörte,
ich würde sagen: „Ja, das passt!"

Das große Geschenk (Adoption)

Vom Himmel in die Welt geschickt,
und schnell vom Glück verlassen.
Er war keine drei Jahre alt,
als ihn schon Ängste fraßen.
Die linke Hand und auch die rechte
hat niemand mehr gehalten,
sie streckten sich ins Niemandsland.
Was soll sich da entfalten?

Am Tage angst und bang,
die Nächte voller Tränen.
Die Zeit ist ewig lang,
wenn Kinder sich nach Liebe sehnen.
Derweil, in einem anderen Land
sind fremde Herzen voll entbrannt,
sie wussten nicht, aber sie spürten,
dass Engel was zusammenführten.

Sein kleines Herzchen, müd und leer
schien das noch nicht zu spüren.
Es trauerte zu sehr
und war durch nichts zu rühren.
Die Augen waren leer geweint,
der Mut wollte schon gehen,
da flüstert ihm ein Engel zu:
„... *es wird bald wieder schön.*"

Und als der Tag dann kam,
kamen zwei fremde Leute.
Dem Jungen war nicht klar,
was das für ihn bedeutet.
„Wer sind die zwei, was wollen die?
Warum muss ich hier warten?
Warum hab' ich mich nicht versteckt,
im Wald oder im Garten? „
Er ließ sich drücken, kosen, heben,
sah aber nicht das neue Leben.
Die Seele schon, sie sah die Liebe
und betete, dass es so bliebe.
Und dann geschah das Wunder:
Die Herzen wuchsen eng zusammen,
ganz langsam, Stück für Stück,
nun sind sie eine Einheit
und auch vereint im Glück.

Unsere Väter

Wenn es auch Darwin nicht bezweckte,
so wurden dennoch Thesen und Aspekte
aus seiner Lehre abgeleitet
und diese dann als Affentheorie verbreitet.
Kein Wunder, wenn sein Fanclub groß ist,
mit Darwin lebt sich's prächtig,
viel leichter als im Dunst der Kirche,
die war so vielen schon zu mächtig!

Ich bin kein Freund der Darwinisten,
ich lasse gerne sie gewähren,
doch sorg ich mich um jene Christen,
die nun nicht wissen, wo sie hingehören.
Hat je ein Darwinist bedacht,
dass stets ein Affe aus ihm lacht?
Das zu bekennen, bräuchte Mut
und außerdem, passt denn das Blut?

Gibt es trotz allem aber keine Fragen,
dann will ich gerne schweigen
und sehnen mich, nach jenen Tagen,
an denen wir uns ihnen zeigen.
Der Neandertaler und der Cro-Magnon
sind ausgestorben, länger schon.
Die Affen zogen vor, nicht auszusterben.
Wir wären also deren Erben.

Man müsste ihnen einfach sagen,
dass sie der Menschheit Väter sind.
Sie würden es bestimmt ertragen,
auch wenn wir keine Leuchten sind.
Ich glaub sogar, es tät sich lohnen.
Also! Wir wissen ja, wo Affen wohnen.
Ein Kurzbesuch, zwei nette Worte,
Bananen-Punsch, Kaffee und Torte.

Ja, ja, das klingt wie ein Theaterstück,
wer aber hat das Glück,
mit solch uralten Ahnen
im Busch Gespräche anzubahnen?
Ich überlasse es den Darwinisten,
sich dort für Wochen einzunisten.
Mir käme das nicht in den Sinn,
wer aber erben will, der gehe hin.

Es ist nicht nur die Sprache,
sie sind auch so mir fremd.
Ich höre direkt, wie ich lache,
Ein Affe. Schuhe, Hose, Polohemd!

Wer wäre da nicht irritiert?
Die Darwinisten sollten aber jubeln vor Entzücken.
Ihr Stammbaum wird ja angeführt,
von einem alten Silberrücken.
Es gäbe also vieles zu besprechen,
man müsste nichts vom Zaune brechen.
Und ja, ich wäre nicht einmal erstaunt,
wenn sie dozieren würden, gut gelaunt.

Ok, das ist vielleicht zu hoch gegriffen
wir aber rauchen und wir kiffen.
Ein Affe würde sich die Haare raufen,
würde nur einer sich besaufen.
Jaja, wir können Tiere zähmen,
Ok, das ist vielleicht zu hoch gegriffen,
weil wir die Schöpfung grob missbrauchen
und längst im Müll nach Perlen tauchen.

Wir roden nun sogar den Affenwald
und wenn nicht gleich, dann ziemlich bald
geh'n auch bei uns die Lichter aus.
Wer ist hier Pelz und wer die Laus?

Sind etwa WIR die Primitiven
und haben uns in uns geirrt?
Es passt auch nicht zu Kognitiven,
was schon geschah und noch passiert.
Der Homo sapiens, als kluge Art,
scheint also wohl dahin.
Er ist nicht mehr die Krone
und auch der Schöpfung kein Gewinn.

Das schönste Fest des Jahres

Zum großen Fest mal nicht zu Hause,
egal, wohin, nur ja weit weg.
Ich brauche dringend eine Pause
vom üblichen Heckmeck.
Kekse backen, Karten schicken,
Wein einkaufen, Christbaum schmücken,
Obst besorgen, Brot und Fisch
oder soll ein Truthahn auf den Tisch?
Vom Friseur zur Putzerei,
und noch WhatsApp ganz nebenbei.
Ja, ja, ja, das schönste Fest des Jahres.
Ich wäre lieber in Benares.

Es kommen auch die Eltern. Seine, meine.
Zumindest freut sich unsre Kleine.
Sie weiß, sie bringen ja Geschenke,
wogegen ich an das nicht denke.
Ich denke mehr an das Menü.
Und das seit gestern fünf Uhr früh.
Mutter wenig Fett und keine Nudeln,
die Schwiegermutter auch.
Ich möchte beide jetzt schon knuddeln!
Asketisch tun und Schwabbelbauch!
Schwiegervater wünscht sich Bockbier,
das ist wohl alte Tradition.
Er hat mich mehrfach schon erinnert,
des nachts, per Telefon.
Familienfest! Familienfest!
Warum denn nicht nach Budapest?

Die Suppe ist nun fertig,
der Truthahn schmort schon schön.
Das Vorspeis-Sülzchen, zart gallertig,
man kann es deutlich glänzen sehen.
Jetzt auf zu den Salaten,
Gurken, Bohnen und Tomaten.
Der Zuckerguss noch auf die Torte,
dann ist sie zu, die Pforte.
Die Küche, eben noch ein Schlachtfeld,
ist wieder frei begehbar.
Ich habe mir grad vorgestellt:
Ich ganz allein, an einer Stehbar.

Der Tisch ist schon gedeckt,
die Bluse aber leicht befleckt.
Kaum war ich in der frischen Bluse,
stand sie schon vor der Tür,
die liebe Tante Suse.
Jetzt brauche ich ein Bier!

Sie will, nein, nein, nicht bleiben,
hat nur vergessen, was zu schreiben
und will daher auf diesem Wege,
dass ich was untern Christbaum lege.
Sie ist dann aber doch geblieben,
weil wir sie alle ja so lieben.
Ein paar Minuten später Eltern eins
und dann die Eltern zwei.
Onkel René war auch dabei.
Er ist seit Kurzem Witwer, ohne Kinder,
und fühlte sich so nicht zu minder,
mit Suse fünftes Rad zu sein.
Mein Bester öffnete den Wein.

Familienfest! Familienfest!
Ich buche gleich im kleinsten Nest.

Wir 3 plus derer Gäste 6 sind Neune,
dass passt vielleicht in eine Scheune,
nicht aber in das kleine Zimmer.
Es war daher gedrängt wie immer.
Aber, ich kaufte ja den Truthahn ein
und da auch nicht den kleinsten.
Die Gäste brachten dafür Wein,
wenn auch nicht nur vom feinsten.
Für 9 Personen nun das Essen,
und ja das Bockbier nicht vergessen.
Der Vogel war nun redlich zu zerteilen
und 8 gleich große Stücke anzupeilen.
Tant'chen Suse ist ja, wie sie sagt, vegan.
Ich fing daher zu schneiden an.
Wem aber geb ich welches Stück?
Da half mein Bester mir zum Glück.
Er machte daraus eine Lotterie
was mir Papa lang nicht verzieh.
Er wurde erst am Schluss gezogen,
da war der Vogel ausgeflogen.
Soll heißen, Fleisch war weg, verteilt.
Die ach so sehr vegane Tante
hat sich mit ihrem Stück sogar beeilt.

Papà konnte daher mit ihr nicht tauschen,
sich nur an Obst, Salat und Bier berauschen.
Die andern hatten je ein Stück,
nun gab es keinen Weg zurück.
Sie aber meinte recht lakonisch:
„Ich leb vegan, doch nicht drakonisch!"

Das war kein guter Kommentar.
Sie war nun out fürs nächste Jahr.

Dann endlich, um punkt sieben,
erhoben sich die Lieben.
Stellten sich vor den Weihnachtsbaum
und füllten mit Gesang den Raum.
Gesang, na ja, ich würde sagen,
das Jesuskind hat es ertragen.
Dann Bussi hin und Bussi her,
ich dachte oft an Gegenwehr.
Die Kleine aber strahlte,
weil Omi ihr ein Handy zahlte.
Per Gutschein und nach freier Wahl.

Für mich gab's einen Seidenschal,
inzwischen schon der zehnte,
obwohl ich den Bestand
schon hunderte Mal erwähnte.
Mein Bester schenkte mir ein Ticket.
Nach Melbourne, drei Personen, Abflug Mai.
man spielt im Mai dort Kricket,
er wär' so gerne live dabei.
Wie nett, wie nett, dachte ich mir,
und gab ein wenig Essig in sein Bier.
Mich ärgerte der Mai-Termin.
Ich will ja WEIHNACHTEN wohin.
Zwei Tage später. Zorn vorbei.
Ich wollte rasch zur Bücherei.
Da hatte ich zum Ticket *die* Idee,
und spielte selbst mal Zauberfee.
Ich schreibe daher nächstes Jahr,
wie Weihnachten auf Zypern war.

Seltsame Welt

Der Weg zum Wald
war heute sehr beschwerlich.
Es war so seltsam, anders,
und irgendwie gefährlich.
Auf halber Strecke hielt ich inne
und sah verstört um mich.
Das Bächlein, eine kleine Rinne,
klang heute wunderlich.

Es war nicht das verspielte Plaudern,
wie ich es immer hörte.
Es war ein Dröhnen, Gurgeln,
das mich sehr bald verstörte.
Ich drehte um, mit nassem Hemd
und paddelte nach Hause.
Mir war der Wald so fremd
und schwarz wie eine Klause.

Der Hain gespenstisch still,
so auch die Wiesen und die Weiden.
Ich mochte diese Plätze alle,
doch heute wollte ich sie meiden.
Drei Rinder standen starr,
wollten sich nicht bewegen,
sie konnten auf der Weide,
sich nicht zu Boden legen.

Forellen auf der Wiese,
fünf Karpfen hinterdrein.
Drei Katzen hoch im Baume,
bei hellstem Sonnenschein.
Auf Äckern und auf Wiesen,
an denen sonst die Ähren sprießen,
vergnügen sich Forellen?
Und Hunde zittern, statt zu bellen?
Der Spielplatz öd und leer,
als gäb' es keine Kinder mehr.
Die Menschen standen stumm
am Kirchenplatz herum.
Gehsteige, über Nacht verschwunden,
im Park die Bänke auch.
Im Dorfe schwebt schon seit Stunden
ein unbekannter Hauch.
Wie seltsam ist sie heut, die Welt,
ich hab' doch nichts getrunken!
Nun ja, ein starker Regen war's,
in ihm ist viel versunken.

Sehr sinnig

Fünf Sinne hat der Mensch,
um das, was ihn umgibt,
ausgiebig zu ergründen.
Und dennoch kommt mir vor,
als würde er nicht alle
in gleicher Weis für gut befinden.

Worauf er ständig achtet,
ist das, was in den Magen geht.
Das wird genau beschrieben,
in bestem Gaumen- Alphabet.
Die Menge wird gelobt,
und auch wie zart das Fleisch war,
ein Drink wurde verprobt,
am Schluss, an der Hotelbar.

Auch wenn sich alles Schöne,
beim Teilen oft vermehrt.
So sagt mir obiges Gedröhne,
nur wie er sich ernährt.
Dabei sind viele Dinge
von ähnlich hohem Wert.

Die Sterne hoch am Himmel,
das Wellenspiel im Meer,
die Farbenpracht der Blumen,
die Schöpfung, ringsumher.
Das scheint in manchen Kreisen
nur nicht der Rede wert.
Man muss nach Dubai reisen,
sonst wird man nicht gehört.

Das waren jetzt drei Sinne.
Es fehlen nur mehr zwei.
Das Fühlen und das Riechen.
Wer redet die herbei?
Nicht, dass der Kreis der Sinne
bereits beim dritten endet,
doch werden mir die letzten zwei
zu unbewusst verwendet.

Wie herrlich duftet eine Wiese,
noch mehr, wenn sie gemäht.
Wie herrlich eine Semmel,
am Morgen, frisch gebäht.
Sogar ein reifer Apfel
kann mit Geruch betören,
so auch die Nadeln und das Harz
der Fichten und der Föhren.
Für mich sind das die Wunder,
die täglich uns berühren.
Ich brauche keinen Plunder,
um meine Welt zu spüren.
Und was ist mit dem Tasten?
Ist das nicht wunderbar?
Die Fülle an Kontrasten,
allein im Katzenhaar.

Das eine fühlt sich seidig,
das andre ruppig an.
Es ist schon sehr verblüffend,
was man ertasten kann.
Woher Gefühle stammen
scheint also schnell erklärt,
es gibt aber auch Fälle,
da läuft es umgekehrt.

Es gibt nämlich Gefühle,
die keinem Sinn entstammen,
und meist spontan
sich irgendwo entflammen.
Wie Schmerzen oder Wonne,
oder Liebe, Hass und Zorn.
Was sind das für Gefühle,
wo werden sie geboren?
Im Herz, im Kopf,
im Solar Plexus?
Wer fasst mich sanft am Schopf,
wenn ich urplötzlich wegmuss?

Ich hätte zwar als Brücke
den freien Sprachgebrauch:
Wonach die Herzen hüpfen können
und manchmal bluten auch.
Wo aber ist die Angst zu Hause,
wo schlummert unser Mut?
Die Eifersucht, die Freude,
der Überschwang, die Wut?

Ist alles das ein Werk der Seele?
Was sendet das Gehirn?
Sind's etwa nur die Nerven,
die dünn sind, wie ein Zwirn?

Das limbische System, so sagt man,
wäre der Quell der Emotionen.
Und dieser Quell, ich nenne ihn Gemüt,
bewirkt auch ungeliebte Reaktionen.

Das ziemlich breit gefächerte Gemüt
kommt auch recht nahe dem Gestüt.
Die Emotionen wären dann wie Pferde,
vereint in einer kleinen Herde.

Die Noriker, gemütlich, äußerst kräftig,
die Araber, nervös und heftig.
Die Haflinger, genügsam und stabil,
die Lipizzaner, graziös, mobil.
Der Esel, störrisch, launisch, stur
Die Fohlen unbeschwerte Frohnatur.

Ich würd', um Unbill zu vermeiden,
mich für den Haflinger entscheiden.
Da weiß ich, was ich unterm Sattel hab.
Er setzt nur langsam sich in Trab.

Die Emotionen aber – Junge, Junge –
die preschen los, als wär' der Sattel leer.
Selbst wenn ich schnalze mit der Zunge,
schenkt mir das Pferdchen kein Gehör.

Die Hände, eingegraben in der Mähne,
als sträubten sich all meine Gene,
wundre ich mich, dass ich das reite,
wovor ich mich ansonsten scheute.

Ich reite also aus und seh' sehr spät,
mit wem es auf die Reise geht.
Bin ich dann längst schon mittendrin,
macht Pferdewechsel wenig Sinn.

Heißt das, die Emotionen reiten los,
und ich bin nur Statist?
Die Überraschung ist nicht groß,
weil es in Wahrheit ja so ist.
Nun will ich nicht mehr fragen,
wenn mich etwas bewegt.
Will alles duldsam tragen,
bis meine Stunde schlägt.

Die Mimik

Wie oft hat man im Leben
den seltsamen Verdacht,
dass der, der eben lächelt
sich anderes gedacht.
Man registriert das Lachen,
und meint, es wäre echt.
Obwohl die eingespielte Mimik,
den Eindruck etwas schwächt.

Sie zeigt ja unverhohlen,
dass irgendwas nicht passt.
Sie ist nur schwer zu deuten,
weil sie so schnell verblasst.

Es sind oft nur Sekunden
die eine Mimik braucht.
Man hat sie kaum empfunden,
da ist sie schon verraucht.
Es zeigt sich zwar oft später,
woher die Mimik kam,
was sie im Kern bewegte,
und wo den Anfang nahm.
Natürlich kann man fragen,
was mit der Mimik ist.
Wer will sich aber plagen?
Es ist nun mal, wie's ist.
Nicht immer kann man jeden
in gleicher Weis' berühren.
Es kann den einen ärgern,
den andern amüsieren.

Der Dichter

Er kann mit Worten Sätze schmieden
und ist zumeist erst dann zufrieden,
wenn sich der Satz so gibt,
wie's ihm, dem Schmied, beliebt.
Nicht immer ist das Wort gefügig,
es lässt sich ungern biegen.
Ein andermal da geht es zügig
und ist wie nix herumzukriegen.

Das aber liegt nicht nur am Reim,
er wächst von selbst oft wie ein Keim.
Die Metren sind's, die müssen fließen
und sich als Lied ins Ohr ergießen.
Oft sucht ein Dichter Tag und Nacht,
bisweilen sogar Wochen,
und schließlich kommt, das, was er sucht,
von irgendwo hervorgekrochen.

Ehe das Wort sich's anders überlegt,
ist es auch schon verwurstet.
Der Dichter speist danach gepflegt,
trinkt Wein, damit er nicht verdurstet.
Gelungen ist ein Vers nur dann,
wenn er in allem harmoniert.
Und rasch, wie eine zarte Hand
zur nächsten Strophe führt.

Misslungen scheint er mir,
wenn keine Melodie sich findet,
oder der Sinn im Reim
sich nicht und nicht begründet.
Ein Beispiel soll nun zeigen,
was simples Reimen ist,
Man kann es sich sehr schnell vergeigen,
auch wenn sich's flüssig liest.

Der Bauer treibt die Kühe heim,
die Bäuerin macht die Jause.
Der Knecht hat einen Riesenschleim,
er wünscht sich eine Pause.
Mir hat kein Vogel was gesungen,
mir bleiben also Fragen.
Was ist denn Großes durchgedrungen,
nebst der des Knechtes Klagen?
Der Reim ist kurz, scheint auch gelungen
und liest sich fließend. Ja.
Man hat sich nur nicht aufgeschwungen,
zu sagen, was geschah.

In Wahrheit hat sich zugetragen,
ein Leid, das keines war.
Und ja, was soll ich sagen,
der Knecht war wohl ein Narr.

Der Bauer, ja, er holt die Kühe.
Indessen – brav und treu –
hatte sein Knecht viel Mühe,
die Kuh braucht schließlich Heu.
Der Stall war auszumisten,
mit Stroh dann zu belegen.
Auch wenn ihn schon die Musen küssten,
das Vieh war noch zu pflegen.
Die Kühe waren noch zu melken,
doch er hat wenig Zeit.
Die Blumen werden welken
und weg ist dann die Maid.
So macht er knurrig weiter,
denkt hundert Mal der Maid.
Auf einmal ruft er heiter:
„Es ist ja gar nicht heut!"
Er hat in seiner Freude
und wohl auch Ungeduld,
den Sinn für Zeit verloren
und war so selber schuld.
Nun aber geht die Arbeit leichter,
ja, herrlich von der Hand.
Die Jause schmeckte köstlich
und auch sein Ärger schwand.

Ein Vers muss nicht gereimt sein,
wenn er wie Wasser fließt.
Es sollte aber klar sein,
was man schlussendlich liest.
Es gibt zuweilen Verse,
die einen Dichter zwingen,
die Syntax zu verändern,
damit sie besser klingen.

Erst windet sich der Dichter,
hält tausendmal dagegen,
doch irgendwann zerbricht er,
es kommt ihm einfach nichts entgegen.
Was hätte er gegeben,
für einen Satz mit Stil.
So ist nun mal das Leben:
Es kommt nicht immer, wie man will.

Mich dauern auch die Zeilen,
die nur den Text verlängern,
weil sie den Zweck verfehlen,
und allen Text mit Unsinn schwängern.
Und vice versa jene Zeilen,
die nicht geschrieben sind.
Da zeigt sich dann zuweilen:
Verfasser war ein Kind.

Besonders seltsam sind Gedichte,
die sich im Reim nicht ändern
und dann als Bank und Zank und krank,
durch alle Zeilen schlendern.

*Mein Nachbar, der Herr **Frank***
*sitzt müde auf der **Bank**.*
*Er fühlt sich elends**krank***
*vom letzten Ehe**zank**.*
*Der Lack am schönen Kleider**schrank***
*sie putzte ihn hinweg, fast knochen**blank**.*
*Die Frau, die oft im Putz ver**sank**,*
*trieb ihn zum Schnaps, den er auch **trank**.*
*Die Frau indessen, keck und **schlank**,*
*verführte auf dem Diesel**tank**,*
*den Fritz, der dann nach Diesel **stank**.*
*Frank weiß es nicht. Tja, Gott sei **Dank**.*

Man nahm ein Dutzend Worte,
die sich mit „ank" zu Tode reimen,
erfand dann nebulose Orte
und ließ die Story planlos keimen.

Wie weit es eine Story wurde,
das sei dahingestellt.
Der künstlerischen Freiheit reicht es,
wenn's einem Einzigen gefällt.
Ich aber will die Freiheit haben,
nicht derart frei zu sein,
man muss nur länger graben,
dann findet man den Stein.

Schwein gehabt

Ich bin, weiß Gott, kein Moslem,
doch esse ich kein Schwein.
Ich fühle mich dadurch viel besser
und ja, so soll es immer sein.
Ich habe einfach eine Galle,
die nicht so richtig will.
Ich trage es gelassen,
genieße trotzdem viel.

Statt Schinken nehm' ich Zunge,
vom Rind, versteht sich, warm,
die hat es mir – seit Jahren –
so richtig angetan.
Ich meide Speck, Salami
und Würste aller Art.
Auch Schnitzel, Bauch und Schulter,
sind längst schon ausgespart.

Da ich vom Schwein nun alles meide,
meint man, ich wäre arm.
Doch es gibt hundert Speisen,
mit gleich viel oder noch mehr Charme.
So lob ich mir das Wild, die Pute,
das Huhn, paniert, gegrillt.
Die haben mir zuhauf
den Hunger schon gestillt.

Das Rind nicht zu vergessen,
als Steak oder Tartar.
Vom Rind ist viel zu essen,
es macht sich wunderbar.
Die Meeresfrüchte, leicht verdaulich,
findet mein Magen höchst erbaulich,
wie jede Art von Fisch,
oder die Gans am Festtagstisch.

Ich bin, so wie mir scheint, ein Vielfraß,
kann schwer dem Fleisch entsagen,
bin daher wohl ein Raubtier,
speziell beim Knochennagen.
Auch wenn ein Raubtier aus mir spricht,
so fleischfanatisch bin ich nicht.
Ich liebe Obst und auch Gemüse,
sonst hätt' ich Krallen und vier Füße.

Von Fleisch und Fisch
kommt mir sehr wenig auf den Tisch.
Es mahnt mich immer das Gewissen,
dass Tiere dafür sterben müssen.
Es will mir aber trotzdem nicht gelingen,
mich gänzlich davon abzubringen.

Allein der Sommer ist die Zeit,
die mich massiv vom Fleisch befreit.
Der Garten liefert dann den Braten
in der Gestalt von Sellerie, Zucchini,
Kürbis und Tomaten.
Salat, Kartoffel, Kräuter, Auberginen,
die zusätzlich als Nahrung dienen.

Der Schritt, völlig vegan zu leben,
der Schritt ist mir zu groß,
von Honig, Milch und Eier,
da komme ich nicht los.
Ich schätze die Veganen aber sehr,
weil ihr Verzicht den Homo adelt.
Es ist das Unmaß unsrer Zeit,
mit dem der Mensch sich tadelt.
Vegan sein heißt, Ressourcen schonen,
und das in großem Stil.
Ich muss es noch einmal betonen:
Man isst vom Fleisch zu viel.
Man könnte vielen Tieren viel ersparen,
würde man nur Gemüse garen.

Ein semantischer Unfall

Ich hatte gestern eine Lethargie.
Sie war so heftig wie noch nie.
Ich kann nur nicht von ihr erzählen,
weil mir die rechten Worte fehlen.
Es gab da nämlich einen Einwand,
zu Recht, vom Adjektiv,
weil „heftig" komisch dastand,
ja, fast um Hilfe rief.

Semantisch ist's auch nicht gelungen.
Es war auch gar nicht so gemeint,
es hat nur anfangs rund geklungen,
sich aber bald in sich verneint.
Was heftig ist hat Schwung,
ist lebhaft, kräftig, jung.
Die Lethargie hat nichts von dem
und das ist das Problem.
Doch wie ist etwas zu beschreiben,
was sich dem Leben widersetzt,
sich mit dem Nichts begnüget,
der Trägheit frönt, die Faulheit schätzt?
Es gibt zwar einige Begriffe,
die sich per Adjektiv verkehren.
Doch sind sie nicht in Not,
sich extra zu erklären.

Ein Fall sei hier als Beispiel
von mehreren genannt,
es dreht sich um Banales
und ist weithin bekannt.
Die Delegierten köstlich edler Nässe
– wie Sekt und Wein es sind –
wissen schon vor der Presse,
dass ihre Trauben „trocken" sind.
Das ist es, was ich meine.
Der Widerspruch in sich.
Was nass ist, ist auch trocken,
ist das nicht wunderlich?
Mag es den Leser stören,
oder gar erheitern,
ich habe keine Lust,
die Liste zu erweitern.

Das Adjektiv kann jedenfalls entstellen
und manchmal äußerst seltsam sein.
Doch dort, wo es nicht vorkommt,
schleicht sich kein Fehler ein.

Die guten alten Sprichwörter

Warum etwas geschieht und wie sich was gehört, wird gern mit Sprichwörtern erklärt. Obwohl ein Sprichwort oft dem anderen widerspricht, werden sie ungehemmt verwendet. Der Mensch wird eben gern mit Halb- und Scheinwissen geblendet. Man soll den Tag nicht vor dem Abend loben und aufgeschoben ist nicht aufgehoben. Gut Ding braucht Weile und langsam ist oft schneller und wer als Kreuzer auf die Welt kommt, der bringt's zu keinem Heller. Wer hoch steigt, fällt auch tief, und wenn was schiefläuft, läuft es richtig schief. Der vielen Hunde sind des Hasen Tod und dann noch Milch und Brot macht Wangen rot. Auch wär' ein Faden nie so fein gesponnen, dass man ihn nicht doch sieht und wird der Bogen überspannt, weiß jeder, was geschieht. Blut, sagt man, wäre ein ganz besond'rer Saft und ist man hektisch, sagt man: „Langsam!" Denn in der Ruhe liegt die Kraft.

Zu diesen Sprüchen fand ich noch keine Gegenpole, der Sprüche Weisheit scheint gesichert. Im nächsten Teil, na ja, da habe ich sehr oft gekichert.

Was ungleich ist, das zieht sich an und dann soll gleich und gleich sich gern gesellen? Kommt mir ein bellend' Hund einher gerannt, dann bin ich schnell nervös und nicht entspannt. Das Sprichwort will mir aber sagen, vielleicht sogar verheißen, dass bellend sie nicht beißen. Zerfällt etwas in Scherben, dann halt ich mich beherrscht zurück, was soll ich mich am Schicksal ärgern? Die Scherben bringen Glück! Ich kann es daher kaum erwarten, dass mir der Krug zerbricht und gehe mehr als nötig nun zum Brunnen, bei Tag, bei Nacht und ohne Licht. Ich wünsche mir das Glück sogar ganz fest herbei, dem Krug jedoch ist's einerlei. Sind es der Köche viel, verderben sie den Brei, wiewohl der vielen Hände, zugleich der Arbeit frühes Ende sei. Wer einmal lügt, dem glaubt man nicht und wenn er auch die Wahrheit spricht. Das klingt aufs Erste konsequent, doch ist ein Einmal wiederum ein Keinmal, wenn man das zweite Sprichwort kennt.

Beim Reden kommen Leut' zusammen und Schweigen wäre Gold. Nun weiß ich aber nicht, ob man viel reden oder schweigen sollt. Nur eine Schwalbe macht noch keinen Sommer, und falls der Sommer sich darum nicht schert, wird man mit einem andren Spruch des Besseren belehrt. Denn jede Regel wird, soweit benötigt, durch Ausnahmen bestätigt.

So gibt es, wie man sieht, für alle Lebenslagen gar viele Tipps, Erklärungen und immer was zu sagen. Was falsch ist oder richtig, ist dann nicht wirklich wichtig.

Europa (Ballade)

Zeus liebte einst ein Mädchen
und warb um sie als Stier.
Um Heras Rache zu entkommen,
entfloh der Stier mit ihr.
Er nahm sie auf den Rücken
und schwamm mit ihr durchs Meer.
Sie jauchzte vor Entzücken.
Er gab sie nicht mehr her.

Das Mädchen hieß Europa
und ging mit Zeus an Land.
An den Gestaden einer Insel,
gab sie ihm dann die Hand.
Das Land, an dem sie ankam,
war nun nach ihr benannt.
Er wurde aber Sinnbild
– für ein noch größ'res Land.

Ganz Abendland trug nun den Namen
und wäre herrlich aufgeblüht,
doch, viele schlechte Zeiten kamen –
der Himmel hat sehr lang geglüht.

Doch endlich kam die Wende,
der letzte Krieg war aus.
Es war kein schönes Ende –
zerstört war jedes Haus.
Noch Jahre nach dem Kriege
lag Elend auf der Erde.
Man hungerte nach Glück,
und dass es Frieden werde.

Der erste Schritt war bald getan
und fing mit einem Bund für Rohstoff an.
Dann kamen nach und nach
die Zölle weg und eine Mauer brach.
Man setzte Stein auf Stein
und baute emsig an dem Haus.
Selbst als es noch nicht fertig war,
gab es schon viel Applaus.

Der junge Bund begann
sehr bald zu sprießen,
wie wildes Kraut am Feld.
Bekam ein neues Kleidchen zugewiesen
und schon ging's nur ums Geld.
Die Reichen wurden reicher,
und horteten das Geld.
Die Armen wurden ärmer
in dieser neuen Welt.

Dann hieß es sparen, sparen,
das Sparen wurde zum Prinzip.
Beim Zeus! Ein Volk sparte so lange,
bis nichts zum Sterben blieb.
Die Reichen aber riefen
just diesem Volke zu,
sie hätten nicht zu klagen,
es drücke bloß der Schuh.

Da kam mit Zorn hernieder
ein übergroßer Geist,
und nannte immer wieder,
ein Wort, das Rating heißt.
Er kreiste drohend lange,
warf Schatten auf das Land
und allen war es bange,
weil er nicht mehr verschwand.

Rasch wurden Schirme aufgespannt –
aus purem Gold – im ganzen Land.
Das hat zuerst den Geist geblendet,
und dann den Schaden abgewendet.
Auch wenn der Schirm noch steht,
die schlimmen Tage sind vergessen.
Nun sitzt der Hochmut dort,
wo Amateure einst gesessen.

Ein neuer Angriff drohte,
es war jedoch kein Geist zu sehen,
es waren Menschen, die in Not,
auch jetzt noch ihren Schutz erflehen.
Die ersten Armen wurden – gottlob –
sehr freundlich aufgenommen,
doch als sich dann der Mob erhob,
„sind alle Felle weggeschwommen!"

Der Egoismus wurde wach,
denn helfen heißt verzichten,
und dann womöglich, ach,
noch einen Obolus entrichten.

Es galt daher sich gut zu schützen
vor denen, die um Hilfe baten
Was kann man denn dafür,
wenn andere in Not geraten?

Hier zeigte sich auch messerscharf:
An Menschlichkeit ist stets Bedarf.
Wenn derart viele Menschen
unfassbar weite Strecken gehen,
da kann man auch als Blinder
die Not nicht übersehen.

Mit Kindern an den Händen,
solang die Füße tragen,
das ist schon hart genug,
erst recht mit leerem Magen.
Was braucht es noch an Elend,
um alle Herzen zu berühren?
Selbst wenn das Boot schon voll ist,
es würde in die Zukunft führen.

So arme Menschen abzuweisen,
sieht gar nicht abendländisch aus.
Das hat's noch nie gegeben,
im noblen Herrscherhaus.
Wohl aber haben Menschen –
die Engel rühmen sie durch Lieder –
in dieser Zeit sehr viel getan,
sie beten aber einen Allah an.

Was ist hingegen mit uns Christen?
Wir haben auch ein Buch,
und tun, als ob wir gar nichts wüssten,
vom Mann im Leichentuch.
Die Werte, ach die Werte,
was sind denn unsere wert?
Man sollte besser schweigen,
als sie so offen herzuzeigen.

Das Abendland steht nun als Festung da,
und hat im Innern tote Werte.
Es schützt, was gar nicht ist,
mit abnormaler Härte.

Die wahren Werte sind versunken,
in einem Meer aus Gold und Geld.
Im Herzen nicht der kleinste Funken,
gar schnöde wirkt die Welt.
Wie lange wird die Festung halten?
Wird Angst ab nun den Zaun verwalten?
Wenn nur mehr Mammon hat das sagen,
dann werden wir das Glück erschlagen!
Europa, du Geliebte eines alten Gottes,
bist nunmehr Opfer kranken Spottes.
Die Schönheit des Gedankens ist dahin,
der Name macht nun wenig Sinn.

Ist es des Schicksals große Laune?
Ein freies Land – umringt von einem Zaune?
Nichts blieb von dem, was ihm den Namen gab,
es ist nur mehr ein großes Grab.
Begraben und verloren sind darin
wohlfeile Ideale und des Namens Sinn.
So schön es auch am Anfang war,
Europa stellt sich nun als Jammer dar.

Würd' es den alten Gott noch geben,
er könnte damit wohl nicht leben;
er würde sie zurück nach Kreta holen.
Der Zeitgeist hat sie aber längst gestohlen.
Es wurde auch der Quell geschwächt,
aus dem das hübsche Kind entsprang,
und auch das alte Wissen, aller Geist,
der einst bis in die Norske Fjorde drang.

Dem Ursprung wurde also schlecht gedankt!
Und nun, da dieser Riese wankt,
darf die Geliebte sich des Namens schämen.
Willst du, oh Zeus, nicht Rache nehmen?

Die hohe Vollversammlung

Heute ist wieder Vollversammlung,
und alle sind sie da.
Die Heiligen, die Seligen, die 12 Apostel,
ein paar Päpste – und die Engelschar.
Nur einer fehlt – der alte Mann.
Er will heut' nichts mehr hören
und keine Seele darf ihn stören.
Nicht einmal Jesus, sein geliebter Sohn.
sitzt heute auf dem Himmelsthron,
Der hat es heute ganz bequem,
er ist zu Gast in Bethlehem.
Geburtstag feiern in der Menge,
das zieht sich sicher in die Länge.

Der alte Mann ließ ihn gern gehen,
er wollt' auch keine Menschen sehen.
Er sitzt zu Hause, grübelnd, brütend,
und ist auf ziemlich alles wütend.
Die Schöpfung – wieder in Gefahr,
so wie's schon einmal war.
Achttausend Jahre ist's nur her
und damals waren es die Riesen,
jetzt scheinen ihm die Reichen
die Schöpfung zu vermiesen.

So richtig schlimm ist's aber erst seit
etwas mehr als 100 Jahren,
da fing der Mensch tatsächlich an,
die Schöpfung an die Wand zu fahren.
Seither wird der Planet geschunden,
vergiftet und verseucht.
Ein Teil der Tierwelt ist verschwunden,
auch das, worin es kreucht.

Das Leben geben und es wieder nehmen,
das aber ist des alten Mannes Monopol!
Da mag's den Menschen ruhig grämen,
er schaut ja nicht aufs Weltenwohl.

Und dieses Weltenwohl ist nun gefährdet.
Der Mensch ist einfach nicht geerdet.
Der Herrgott musste also Zeichen setzen,
und raue Mächte auf die Erde hetzen.
Was hat er nicht schon unternommen,
um an die Menschen ranzukommen.

Er ließ uralte Wälder niedermähen,
von Stürmen, die sich drauf verstehen.
Es ließ mit starkem Regen Länder fluten,
und das in wenigen Minuten.
Er ließ ganz große Wälder niederbrennen,
ließ kaum noch Zeit, davonzurennen.
Er ließ die Gletscher schneller schmelzen
und Muren sich zu Tale wälzen.
Befahl der Hitze anzusteigen
und einem Wasserfall, zu schweigen.
Tsunamis ließ er da und dort entstehen
und ganze Inseln untergehen.
Er war, so würd' ich sagen, sehr bemüht.
War denn sein Zorn trotzdem verfrüht?

Deshalb die heutige Versammlung.

Der Mann aus Patmos war am Wort,
und sprach und sprach in einem fort.
Er sprach viel über die Erscheinung
und war sogar der festen Meinung,
dass nun der jüngste Tag gekommen sei.
Das aber rief die Erzengel herbei.

Erzengel Uriel meinte recht süffisant:
„Uns ist der jüngste Tag ja nicht bekannt,
schon gar nicht denen auf der Erde.
Was ich euch gleich erklären werde.
Das liegt an deiner Offenbarung, Hannes,
die keine Offenbarung ist.
Es ist ein Buch, das keiner liest,
weil's einem nur den Tag vermiest.
Es ist so kryptisch formuliert,
dass einem ganz schnell übel wird.
Es wird von dir erklärt, interpretiert,
Ich weiß nicht, ob uns das zum Ziele führt.
Was sollen denn die 24 Throne,
die sieben Siegel, die Posaunen?"
Nun hörte man im Saal ein leises Raunen.

Er, Uriel, ließ sich doch nicht beirren
und setzte an, die Rede fortzuführen.
Da stellte Raphael die nächste Frage:
„Wer sind die 4 erwähnten Lebewesen,
und sind Posaunen schon erklungen?"
Johannes war in diesem Punkt belesen,
nun aber hörte er aus Engelszungen,
dass alles, was er eben sagte,
man beinhart hinterfragte.

Erzengel Gabriel, bisher verschwiegen,
begann den Kopf nun hin und her zu wiegen.
Dann stand er auf und sagte:
„Ich hab' jetzt lange zugehört,
nun will ich euch was sagen.
Es hat uns heute einiges verstört
und es gibt wahrlich viele Fragen.
Es scheint mir auch nicht leicht erklärlich,
die Menschen via Rätsel zu ermahnen.
Selbst ich, ich sage es ganz ehrlich,
kann jenen Tag nur blass erahnen.
Wie soll der Mensch die Rätsel lösen?
Wie soll, wer nackt ist, sich entblößen?
Sie haben einen simplen Wissensdrang,
das wussten wir von Anfang an.
Wir wissen auch um deren Schwächen,
und dass sie die Gebote brechen.
Wer unter uns will jetzt noch glauben,
es gäbe guten Wein aus sauren Trauben?"

Dieser Vergleich schien vielen zu gefallen,
das Murmeln wollte lange nicht verhallen.
Da wurde seine Stimme plötzlich mächtig,
und seine Augen glänzten prächtig:

„Ich weiß hingegen um ein Menschenkind,
dem viele Menschen zugelaufen sind.
Es mahnt die Menschen unentwegt,
das hat mich wirklich sehr bewegt.
Sie spricht so klar und unumwunden,
als könnt' an ihr die Welt gesunden.
Das geht nur nicht von heut auf morgen.

Sie macht sich deshalb große Sorgen
und tut und macht und ist bemüht,
sie weiß, was sonst der Menschheit blüht.
DAS ist die Traube für den guten Wein!
Und diese Rebe ist zu schützen!
Das kann der Menschheit dienlich sein
und auch der Schöpfung nützen.
Doch eines scheint mir auch noch wichtig:
Die schon gesetzten Zeichen waren richtig.
Die Treffer aber, müssen besser werden,
sonst sterben auch die guten Herden.

Nun, Hannes, noch ein letztes Wort,
dann schweige ich für immerfort:
Die Offenbarung muss noch warten!
Es blüht noch viel in Gottes Garten.
Droht dieses Blühen mal zu enden,
dann aber mag und wird das Blatt sich wenden."

Die Menge stand nun auf und applaudierte,
sie applaudierte ziemlich lang.
Bis er erklang, der Engelchor, mit Lobgesang.

Die kosmischen Bausteine

Vier Elemente sind's,
aus dem die Schöpfung ist.
Das ist verblüffend wenig,
wenn man's am Ganzen misst.
Und trotzdem wird's uns nicht gelingen,
die Schöpfung nachzubauen.
Was sollte es auch bringen?
Mir reicht das Gottvertrauen.

In jedem Element wirkt eine Kraft,
die Leben nimmt und Leben schafft.
Und eine Macht, die gibt und nimmt,
die ist wohl schwerlich fremdbestimmt.
Kein Element hat sich aus sich erschaffen,
wenn ja, dann bitte wie?
Wie heißt dann jenes Element,
das allen seine Kraft verlieh?

Die Elemente haben sogar Eigenschaften,
die uns'rer Logik widersprechen.
Wie kann, was sichtlich funktioniert,
dann aber doch mit Logik brechen?
Wie kann, was eine Kugel ist,
dem Leben eine Heimat sein?
Dass haften bleibt, was „unten" ist,
das passt wohl in kein Schema rein.

Gravitation heißt dieses Phänomen.
Allein ein Name macht zufrieden.
Ich kann es leider nicht verstehen,
mir ist die Logik nicht beschieden.
Da sich die Erde ständig dreht,
wirkt diese Kraft als Zentrifuge.
Was ist, wenn sie mal steht,
was meint die Wissenschaft, die kluge?

Die beiden Kräfte aber, heben sich stets auf,
in Kilopond und Millimeter!
Wie schön, dass so was logisch ist,
für Hinz und Kunz und Paul und Peter.
Gravitation ist kein Prinzip,
es ist ein wundersames Phänomen.
Wer steuert denn den Trieb,
auf den allein Planeten sich verstehen?

Ein Phänomen bloß zu benennen,
heißt nur, gesetzte Grenzen zu erkennen.
Wie schön, wenn es dann Regeln gibt,
in die sich jede Logik schnell verliebt.
Im Idealfall kann man Regeln leicht verproben,
und ist's gelungen, auch noch loben.

Gibt man zu einer Menge was hinzu,
erhöht sie sich im Nu.
Im andern Fall, da wird sie kleiner,
An Klarheit stößt sich eben keiner.
Das Feuer kennt so eine Regel aber nicht,
es schlägt recht deutlich aus der Art.
Nicht nur, dass sie die Regel bricht,
sie ist der Logik nächster Widerpart.

Die Flamme einer kleinen Kerze nur,
kann Millionen andre Flammen schaffen.
Sie gibt und gibt und wird nicht kleiner,
nun das verstehe mir mal einer.
Und dann die Luft, wer hat sie je gesehen?
Wie kann, was man nicht sieht,
dann große Wälder niedermähen?
Wär' sie nicht da, wo wären wir,
und auch die Pflanzen, das Getier?

Das dritte Element ist auch ein Wunder,
es hat mich früh schon fasziniert.
Es wird mir nur das Rad nicht runder,
weil mich zu vieles irritiert.
Die Luft, mit einem zweiten Gas verbunden,
macht es zu dem, was es dann ist.
Die Logik ist mir hier nicht schlüssig,
denn Gas plus Gas, wie wird das flüssig?

Die Gase bilden sich aus Stoffen,
aus einem „O" und aus zwei „H".
Sie haben sich vor langer Zeit getroffen,
und chemisch ist es klar, wie was geschah.
Man sagt, die beiden hätten reagiert,
per Explosion sich eng verbunden,
Was mich dabei nur irritiert:
Das O ist da, das H verschwunden.

Na ja, nicht ganz verschwunden,
es ist als Flüssigkeit gebunden.
Das H kommt also frei nicht vor,
wiewohl das O die Freiheit nicht verlor.
Das nasse Element verdankt sein Leben
also dem wilden Feuer und der Luft.
Hätt es die Explosionen nicht gegeben,
gäb's dort, wo Wasser ist, nur eine Kluft.

Doch Gott sei Dank, es ist ja da,
man muss es nicht erst schaffen.
Es fließt und fließt, als wäre es unendlich,
aber das ist kein bisschen selbstverständlich.
Man kann es in der Hand nicht halten,
was bliebe, wäre zu gering.
Man würde aber beide Hände falten,
wenn es abrupt zu Ende ging.

Es reinigt Körperchen und Seele,
es kühlt und labt mir meine Kehle.
Es hat gar wundersame Kräfte
und unterstützt die Körpersäfte.
Es kommt von oben und von unten,
das eine braucht das andre
und immer find ich's wo,
wenn ich durch Wälder wandre.

Der Felsen gibt es willig her,
der Sand lässt es verschwinden.
Die Sommersonne heizt es auf,
im Winter kann sich's trotzig binden.
Mal ist es blau, dann ist es grün
und nie ist eine Farbe drin.
Man kann es schütteln oder wenden,
es bleibt stets farblos in den Händen.
Der kleinste Teil, meist sehr geduldig,
kann härtesten Granit verformen.
Wem ist der Tropfen dieses schuldig?
Wer schuf die wundersamen Normen?

Und nun das letzte Element, die Erde.
Der Schöpfung größte Masse.
Das alles war im Urknall drin?
Also, pardon, ich passe.
Die Schöpfung ist so groß und prächtig,
der Mensch so klein und schicksalsträchtig.
So eine Schöpfung soll ein Zufall sein?
Fällt uns dazu nichts Besseres ein?

Der Weg nach innen

Es gab so manche Stunden,
da hätt' ich gern zu mir gefunden.
Es ging nicht darum, wer ich bin,
es ging um den mir zugeteilten Sinn.

Ich hörte viel zu selten auf die Seele
und fuhr zu oft in falschen Bahnen.
Wenn ich nun künftig Bahnen wähle,
soll ich erneut nur rätseln, ahnen?

Was also lag nun näher,
als sich in Ruhe zu besinnen
Ich wusste ja seit jeher,
es gibt da diesen Weg nach innen.

Nun ja, der Mensch ist träge,
so war auch ich mir selbst im Wege.
Hab mich nie ernsthaft aufgeschwungen,
doch heute, heute ist es mir gelungen.

Nur ach, sie war vertrackt die Reise,
denn sie begann so unbemerkt und leise,
dass selbst mein wachsamer Verstand,
daran nichts ungewöhnlich fand.

Am Ende war ich dann in einer Welt,
die hatte ich mir so nicht vorgestellt.
Ich weiß nicht, wie ich reinkam,
ich weiß nur, ich war einsam.

Es war ein weiches, riesengroßes Rohr,
in dem ich sacht nach unten schwebte.
Das kam mir schon recht seltsam vor,
erst recht, was ich danach erlebte.

Das große Ziel der Reise
war nämlich alles andere als schön.
Ein dunkler Raum und alles leise,
nur fahles Licht und vorerst nichts zu sehen.

Dann aber schärfte sich mein Blick
und ich erkannte Silhouetten,
sie traten vor, aus einem Eck und dann zurück,
als wenn sie was in Absicht hätten.

Und da! Jetzt konnte ich Gedanken lesen
und sah in vielen schleierhaften Wesen
uralte Unterlassungen und Taten,
die mir nun forsch entgegentraten.

Auch alte Wünsche reihten sich nun ein,
die mir, mit Händen zart und fein,
beim weichen Klang von Harfen,
geknickte Rosen vor die Füße warfen.

Was wollen mir die Kinderhände sagen?
Dass ich verzichtete in frühen Tagen?
Der Ton der Harfe, war das Wehmut
und die geknickten Rosen, etwa Demut?

Mir blieb nur keine Zeit zum Überlegen,
es sollte sich erneut was regen.
Es war wie eine Meuterei,
nur kein Gebrüll und kein Geschrei.

Jetzt eilten Visionen flott herbei,
zermürbt, auf schwachen Beinen,
Ideen, Träume, Pläne waren auch dabei,
vermummt mit schwarzem Leinen.

Ich aber stand nur da, ganz stumm
und sah verdattert in die Menge.
Es wurde immer mehr um mich herum
und bald ergab sich ein Gedränge.

Ich Esel dachte längst, ich wär' sie los,
sie waren aber alle wieder da!
Mit Augen rot und riesengroß,
wie ich es bisher noch nie sah.

Schon war ein Rauschen in der Luft,
durch zischelnd vorgebrachte Fragen.
„Warum, wieso?" und „Nein, du Schuft!"
Ich aber konnte gar nichts sagen.

Mir wurde langsam richtig bange,
ich spürte Tränen auf der Wange.
Ich wurde auch nicht mehr befragt,
ich wurde lauthals angeklagt.

Die alten Emotionen kamen hoch,
sowohl der guten wie der bösen.
Das war viel schlimmer als ein Joch,
von einem Joch kann man sich lösen.

Ich spürte jetzt erneut die alten Schmerzen,
auch Freude und die ungezähmte Lust.
Und tief im aufgewühlten Herzen,
regierte Panik schon und Frust.

Ich fühlte, wie die Kraft mir schwand
und wünschte reuig mir ein Bußgewand,
als sich mein Elend plötzlich drehte
und aller Spuk im Wind verwehte.

Mit einem Schlag war es taghell,
der Alltag trat ins Zimmer,
die Silhouetten waren weg,
und alles war wie immer.

Ich schulde dies dem Telefon,
es weckte mich mit Klingelton.
Ich halte es seither so hoch in Ehren,
als wenn wir alte Freunde wären.

Hätt' ich das Klingeln nicht vernommen,
wer hätte mir den Alb genommen?
Ich wäre sicherlich vor Angst gestorben,
so aber hat's dem Alb den Spaß verdorben.

Was aber war der Reise tiefer Sinn?
War ich zu lange DER, der ich nicht bin?
Hab ich mich etwa selbst betrogen
und wo, wo bin ich denn falsch abgebogen?

Hab ja tatsächlich Träume aufgegeben
und viele Wünsche unterdrückt,
auch Zwängen nachgegeben.
War das normal, war das verrückt?

War es ein Weckruf jener edlen Stimme,
die immer Seelenheil verspricht?
Weiß ich, wohin ich schwimme,
wenn mir dereinst das Auge bricht?

Das letzte, große Ufer zu erreichen
ist doch des guten Menschen Ziel?
Muss man denn erst vor Angst erbleichen,
eh man dort ist, wohin man will?

Nein, nein, das ist nicht Art der Seele!
Sie will uns nicht verwirren.
Es sind die dummen Träume,
die nächtens in die Irre führen.

Der Geist der 68er

Ich komme noch aus einer Zeit,
voll Freude und voll Lustbarkeit.
Man tanzte eng, war auch viel frecher,
und trank oft mehr als einen Becher.
Die Draufgänger eroberten die Welt,
wer schüchtern war, war abbestellt.
Die Roaring Sixties, Rock'n'Roll,
die freie Liebe, Drugs und Alkohol.
Das waren die Symbole dieser Zeit,
da war kein Platz für Traurigkeit.
Man spürte auch das Wirtschaftswunder,
die runde Welt wurde noch runder.
Die Sorgen rückten ab in weite Ferne,
man lebte intensiv und gut und gerne.

Es gab die Antibabypille,
von HIV noch keine Spur.
Man brauchte keine rosa Brille,
man war ja selbst die Frohnatur.
Man lebte wie im Dauerhoch
und spürte nicht das kleinste Joch.
Man schöpfte richtig aus dem Vollen.
Wer hätte drauf verzichten sollen?
Wer Mädchen an den Popo fasste,
war schlicht ein toller Hecht.
Wenn sie ihm einen Tritt verpasste,
dann hieß das: „Aus, du Specht!"
Heut' wär' s ein sexueller Übergriff
und hätte schlimme Konsequenzen.
„Me too" ist nicht nur ein Begriff,
„Me too" schuf neue enge Grenzen.

Die erogenen Zonen gehen nun –
ganz anders als vor 40 Jahren –
von unten, von den Schuhen,
hinauf bis zu den Haaren.
Was heute freie Zone ist,
ist nicht so klar,
sie ist zumindest nicht,
was sie einst war.
Geblieben ist die Stirn, der Rist,
vielleicht ein kleiner Teil der Wade.
Der Rest ist nun tabu.
„Me too" kennt keine Gnade.
Wie aber war das früher definiert,,
man hat sich ja viel mehr berührt?
Auch damals waren Grenzen individuell,
Na ja, man zeigte sie halt schnell.

Und kam *kein* Stopp, was dann?
Na ja – ein heißer Flirt begann.
Man hörte unentwegt ein Halali
und Schonzeit gab's so gut wie nie.
Die Kleidung war nicht elegant,
wiewohl im Schnitt oft interessant.
Der Minirock, die dünne Bluse,
darunter kein BH,
wer brauchte da Beate Uhse,
es war genug, was man da sah.

Selbst im Büro war Sex nicht selten,
es wollte nichts, was alt war, gelten.
Im Lift ein Quickie, Sex zu dritt.
Nur der, der wollte, machte mit.
Oje, oje, ich muss am Text was ändern.
Das „der" auf „die"; man muss ja gendern.
Und auch die Frauen waren hochaktiv,
und wollten nicht mehr sittsam warten,
es gab kein Mädchen mehr, das schlief,
verträumt im Rosengarten.
Das ganz Jahr war Jagdsaison,
man jagte nun auf beiden Seiten.
Die Beute war der Mühe Lohn,
man musste sich nur vorbereiten.
Man wollte außerdem entzücken
und endlich aus dem Schatten rücken.

Verführt wurde mit allen Mitteln,
mit roten Lippen, kurzen Kitteln
und Nylonstrümpfen, langen Beinen.
Man wollte ja nicht fad erscheinen.
Die Männer hatten eine Mähne,
die Hemden bunt und eng tailliert,
der Checkpoint ihrer Gene
war auch recht eingeschnürt.
So ging man samstags in die Disco,
dem allerbesten Jagdrevier.
Beim Song von San Francisco
da schmeckte jedes Bier.
Man zeigte sich gelassen,
und war auch nicht in Not,
Unzählig hübsche bunte Brassen,
umkreisten schon das Fischerboot.

Die Coolness war dann jäh vorbei,
wenn sich zwei Blicke fanden,
und beide, frisch verliebt,
am Tanzparkett verschwanden.
Jaja, und dann beim Tanze
da ging man gleich aufs Ganze.
Berührung ist ein Kind der Nähe,
wenn ich die Sache richtig sehe.
Man suchte daher die Berührung,
sie war der Lohn für die Verführung.
Die Mädchen – allesamt kokett –
drängten daher aufs Tanzparkett.

Ein heißer Kuss war wohl die Krönung
und gab den Wangen rote Tönung.
Die erogenen Zonen waren zwar tabu,
doch trug man nicht Glace-Handschuh.
Das heißt, es kam schon manchmal vor,
dass man sich da und dort verlor.
Das wurde zwar sofort bereinigt,
der Täter wurde aber nicht gesteinigt.

Ich kenne noch Begriffe oder Namen,
die just aus dieser Ära kamen.
Bei Mädchen gab's die wilde Henne,
die kesse Biene und den steilen Zahn.
Bei Männern gab es die Granate,
den Playboy und den Don Juan.
Die Namen waren eher Komplimente,
und zeigen deutlich, wie es war.
Nun sind sie alle schon in Rente,
mit matter Haut und grauem Haar.
Die wilden Jahre sind dahin
und ich war einmal mittendrin.

Der neue Zeitgeist

Mir schmeckt die Welt nicht mehr,
in der ich lebe,
sie ist modern und trotzdem fad.
Es ist, wie wenn's kein Wasser gäbe,
in einem tollen Thermenbad.
Genommen wurde mir der Spaß,
zu leben, wie ich's kannte.
Und das verdank ich einem Geist,
der sich in Ideologien verrannte.

Anstatt sich jener Themen anzunehmen,
die wirklich wichtig sind,
gibt er im Kleinkram sich geschäftig
und plappert wie ein Kind.
Verändern will er halt die Welt,
und hat gleich neue Regeln aufgestellt.
„Political Correctness" und „Me too",
gepaart mit Gendern und „Fair View".

Nun wird geächtet und verboten,
für vieles gibt es Haltungsnoten.
Was einmal Usus war ist nun tabu.
Der Geist passt auf! Vorsicht! „Me too!"
Gab man ein Küsschen, einst in Ehren,
so konnte niemand das verwehren.
Das ist zwar schon ein alter Spruch,
er wurde aber gern und oft gepflogen.

Nun zeigt sich das jedoch als Fluch,
und sorgt für meterhohe Wogen.
Zuerst ein Schelm und dann ein Täter?
Jaja, das geht, auch Jahre später!
Das alles macht „Me too",
der neue Geist gibt keine Ruh.
Und dieser neue Geist, der nette,
ist nun auch Feind der Zigarette.

Die Raucher, dieses Krebsgeschwür,
steh'n nunmehr vor der Gasthaustür.
Die schlechte Luft, dem Rauch geschuldet,
wird also nimmer mehr geduldet.
Der Rauch war wirklich eine Plage
und unerträglich, keine Frage.
Sogar im Raucherraum, sei er gefährlich,
das allerdings, das ist mir unerklärlich.

Dort hätte der, der kurz mal raucht,
eine Bedienung nie gebraucht!
Doch um den Raucher geht's ja nicht,
oder nun doch, ich weiß es nicht.
Er darf es jedenfalls, bei sich zu Hause.
Wie das? Macht Logik Zigarettenpause?
Was also ist des Pudels wahrer Kern?
Ich weiß es nicht, doch wüsst' ich's gern.

Die Kuriositäten gehen aber weiter.
Das macht den Alltag bunt und heiter.
Der Geist hat ja noch was geändert:
Es wird nun hin und her gegendert.
DER Mensch – hartnäckig maskulin –
fragt sich, was ist des Genderns Sinn.
Pommes frites sind nur noch hell zu kaufen.
Wie toll! Ich könnte mir die Haare raufen!

Mir scheint, der Geist ist arg verwirrt.
Weiß ich, was alles er im Schilde führt?
Ein Tun, nur um des Machens wegen,
ist wie ein Gackern ohne Eier legen.
Er gab und gibt sich engagiert,
im Großen hat sich aber nichts gerührt.

Das Gewissen, klar, das will viel mehr,
wir schenken ihm nur kein Gehör.
Der Gleichmut, dieser dumpfe Freund,
der weiß sich besser zu behaupten.
Sodass die einen machen können,
was wir den andern nicht erlaubten.
Ach was, so vieles löst sich von alleine,
der Zufall bringt das schon ins Reine.

Es kriselt in den Mitgliedsländern –
egal, das wird sich auch noch ändern.
Es kriselt ewig schon im „Nahen Osten",
und kann sogar den Frieden kosten.
Bardauz! Das ist ein heikles Thema,
man bleibt daher beim alten Schema.

Was immer sich am Jordan tut,
es ist in Ordnung, es ist gut.
Dass keiner mir den Genozid vergesset
und auch kein Wort über die Knesset!
Man sei, wenn möglich, nicht zu kritisch,
sonst ist man schnell antisemitisch.
Was aber tut sich im Westjordanland?
Erledigt sich's im Wüstensand?

Man zeigt im Kleinkram sich versiert,
und lobt sich dann noch ungeniert.
In Fällen aber, wo es nötig wäre,
gibt man sich einfach nicht die Ehre.
Man müht sich eifrig ab mit Sachen,
die keine schlanken Füße machen.
Wir sind gerecht, wo es leicht geht,
weil man uns sonst den Hahn abdreht.
Auf diesen Geist kann ich verzichten,
mit ihm lässt sich kein Anker lichten.

Political Correctness! Gott zum Gruß!
Ist das der Weisheit letzter Schluss?
Man sagt nicht mehr, was man sich denkt,
weil man vielleicht den andern kränkt!
Mit Kreide wird die Welt aber nicht besser,
im Schaft steckt immer noch ein Messer.
So wird der böse Wolf ein liebes Schaf,
und alle sind auf einmal gut und brav.

Ich frage mich indes im Schlaf:
Wer ist jetzt Wolf und wer das Schaf?
Wie soll ich künftig unterscheiden,
wenn beide auf der Wiese weiden?
Kann ich den Geist nicht inspirieren,
sich noch viel dümmer aufzuführen?
Hat er nicht doch etwas vergessen?
Womöglich täglich Fieber messen?
Oder die Nachbarn denunzieren,
weil sie den Mops spät Gassi führen?
Das ist doch auch von Relevanz!
Oder ist's auch derselbe Firlefanz?

Ist dieser neue Geist von dieser Welt?
Und so, dass er dem großen Geist gefällt?
Ist unsre Welt nun fair, korrekt, gesund?
Na ja, sie ist zumindest da und kugelrund.
Der Wohlstand ist zum Glück geblieben,
den hat der Geist noch nicht vertrieben.

Der Wohlstand aber macht uns krank,
viel mehr als Zigaretten.
Was ist zum Beispiel denn mit jenen,
die ihren Körperumfang dehnen,
das Herz, den Kreislauf, arg belasten?
Wie wär' s mit kollektivem Fasten?
Der Alkohol, schau an, ist nicht verboten,
führt er nicht auch ins Grab?
Was meinen denn die vielen Toten,
die es deswegen gibt und gab?
Und gnädig lässt man jene walten,
die rauchend Hanf in Händen halten.
Den Feinstaub darf ich inhalieren,
auch wenn ich sonst nicht rauche,
das Wasser darf ich trinken,
obwohl ich Glyphosat nicht brauche.
Nach Pestiziden und dergleichen
gibt es nicht nur Insektenleichen.

Da hat das Rauchen direkt Charme.
Nimmt uns vielleicht wer auf den Arm?

Ist alles das nicht wirklich traurig,
im Kern sogar verrückt?
Man müht sich ab, mit kleinen Sachen,
und das soll schlanke Füße machen?
Es bräuchte aber einen Geist zurzeit,
der Wichtiges nach vorne reiht!
Apartheid, Kopftuch, Migration,
Rassismus, Porno, Sex – per Telefon,
die Kriege, Müll und auch das Klima.
Hier Flagge zeigen, das wäre prima!
Wir wissen, scheint mir, gar nicht,
wie lächerlich wir sind,
um dieses Faktum aufzuzeigen,
da brauchte es ein Kind.

Prosa

Ein Sommertag in meinem Dorf

Wenn in meinem kleinen Dorf der Tag erwacht, dann hatte ich als Kind und habe ich auch jetzt noch das Gefühl – besonders in den Sommermonaten – in einem kleinen versteckten Eck des Paradieses zu wohnen. Das Dorf hat etwas mehr als dreißig Privathäuser, zwei Bauernhöfe, zwei Gasthäuser, eine kleine aufgelassene Volksschule und eine hübsche romanische und zugleich romantische Kirche mit einem sie umsäumenden, gepflegten Friedhof. Jede dieser dreißig Baulichkeiten fügt sich unaufdringlich in die Landschaft ein und machen das Dorf zu dem, was es ist. Ein kleines und vielleicht gerade deshalb richtig idyllisches Dörfchen.

Wenn man von den vereinzelt in Rot gehaltenen Ziegeldächern der Häuser absieht, dann herrscht das Grün vor, so, als gäbe es keine andere Farbe. Hecken, Gärten, Wiesen und Bäume, so weit das Auge reicht. Die Bäume sind sogar ein besonderer Schatz in diesem tiefgrünen Ensemble, denn sie liefern nicht nur köstliches Obst, sondern bieten mit ihrem reichen Blattwerk den Singvögeln ein prachtvolles Zuhause. Ich müsste mich schon sehr täuschen, wenn es anders wäre, aber ich habe manchmal den Eindruck, als wenn sie sich jeden Tag für dieses Zuhause bedanken wollten. Man hört ja in den frühen Morgenstunden immer und immer wieder den fröhlichen Gesang der Amseln, den knappen kurzen Ruf des Buntspechtes, das ächzende Gezwitscher der Rauchschwalben, das krächzende Geräusch des Hausrotschwanzes (Brantale), das aufgeregte Gezirpe unzähliger Haussperlinge, das maschinengewehrartige Schnattern der räuberischeren Elstern und das sanfte Gurren der Tauben. Aus dem nahen Wald ist mit einer bestimmten Regelmäßigkeit sogar ein Kuckuck zu hören. Was diese Regelmäßigkeit bestimmt, habe ich noch nicht herausgefunden, denn er ist nicht so pünktlich, wie der allmorgendliche Gesang der gefiederten Freunde. Ich habe sogar das Gefühl, dass er nur dann ruft, wenn es ihm gerade in den Kram passt.

Das allmorgendliche Konzert ist jedenfalls prachtvoll und wenn es nicht so früh beginnen würde, ich würde ihm wahrlich jeden Tag mit ungebrochener Begeisterung lauschen wollen. In den Morgenstunden der Sommertage zeigt sich aber nicht nur die Welt der Vögel von ihrer besten Seite, sondern auch die Luft, sie ist frisch, jungfräulich und ein Elixier für Körper, Geist und Seele. So, als würde sie aus purem Sauerstoff bestehen und sie umfließt einen auf wohlige Art. Schade, dass sie im Laufe des Tages diese herrliche Eigenschaft verliert.

Wenn die Sonne dann von Stunde zu Stunde an Macht zulegt, dann verändert sich aber nicht nur die Luft, es verstummen auch die Arien der gefiederten Gesellen und dann übernimmt der dem Ohr weniger schmeichelnde Lärm des Alltags das Kommando. Die Bauern fahren mit ihren knatternden Zugmaschinen auf die Felder, kurze Zeit später fährt der Postbote von Haus zu Haus und irgendwann ist das ganze Dorf auf den Beinen. Man hört das Lachen und Rufen spielender Kinder, das verspätete Krähen eines Hahnes, Gänse schnattern, Hühner gackern und von irgendwoher dringen Geräusche einer bäuerlichen oder handwerklichen Tätigkeit an mein Ohr. Der beschauliche Morgen ist nun vorbei, der arbeitsreiche Tag hat begonnen. Als allerletzte Reminiszenz auf den allmorgendlichen Prachtgesang hört man noch die Haussperlinge, so, als hätten sie in den Morgenstunden einen Streit angefangen, den sie tagsüber noch austragen müssten.

Wenn die Sonne dann schließlich ganz hoch am Himmel steht und ihre heißen Strahlen erbarmungslos auf das Dorf richtet, dann ziehen sich die Menschen mehr und mehr in ihre Häuser zurück und auch die Vögel beeilen sich bei jedem Flug, der sengenden Hitze zu entkommen, indem sie schnellstmöglich den Schatten des nächsten Baumes aufsuchen. Dann wird es allmählich ruhiger im Dorf. Aber nur allmählich, denn die Kirchenglocken zerreißen noch einmal die angestrebte Ruhe und verkünden mit resolutem und unüberhörbarem Läuten, dass es nun Punkt zwölf Uhr ist. Aber dann, nach dem letzten Glockenschlag, dann möchte man meinen, das Dorf sei ausgestorben. Sogar die Haussperlinge scheinen sich dem verlockenden Bannstrahl der Ruhe ergeben zu haben. Alles ist ruhig. Und wenn dann an ganz heißen Sommertagen, die Luft so richtig steht, dann bewegen sich nicht einmal die Blätter auf den Bäumen. Dann ist es total ruhig, fast gespenstisch ruhig.

Es kommt erst wieder Leben ins Dorf, wenn die Kinder von der Schule nach Hause kommen. Dann dauert es nicht lange und der Tag erwacht gewissermaßen ein zweites Mal. Dieses Erwachen ist mehr das Erwachen aus einer kleinen Ohnmacht. Man taucht aber nun in eine wenig einladende Welt ein. Die Nachmittags-Luft ist an heißen Sommertagen ganz anders, als die Luft am Morgen. Die Luft am Nachmittag ist nicht im Geringsten erfrischend und man atmet sie nur widerwillig ein. Sie ist fast stickig, erdrückend und wenn man nicht gerade an einem kühlen Badesee verweilt, wünscht man sich sehnlichst den Abend herbei.

Aber nichts dauert ewig und auch die Nachmittagshitze lässt irgendwann nach und dann kommen Schritt für Schritt die Menschen wieder aus ihren Häusern, sie gehen nun aber nur mehr leichten Tätigkeiten nach. Erst wenn die Sonne sich völlig verbraucht hat und langsam hinter den Bergen versinkt, wird es etwas lebendiger im Dorf und man spürt, wie Mensch und Tier erleichtert aufatmen.

Es ist, als wenn nun alle den Nachmittag nachholen wollten. Überall hört man Stimmen und Zurufe und auch die Vogelwelt erwacht zu neuem Leben und stellt dies mit abendlicher Flug-Geschäftigkeit zur Schau. Jetzt gilt es ja noch rasch Nahrung zu suchen und die junge Brut zu füttern. Auch die Menschen haben noch eine Sorgepflicht zu erfüllen, denn die mühsam angelegten Blumenbeete und das Gemüse im Garten rufen mit hängenden Köpfen und matten Blättern still nach flüssiger Nahrung. So ist da und dort bald das leichte Rauschen aus der Begießung der Gärten zu vernehmen.

An einem Samstag oder Sonntag ziehen zu dieser Zeit sogar wohlduftende Rauchschwaden eines Holzkohlegrills durch die Luft. Kinder fahren noch eifrig mit Fahrrädern oder Scootern die schmalen Dorfstraßen auf und ab und etwas weiter entfernt, hört man Kinder Pingpong spielen. Es ist wieder was los, aber nicht mehr lange.

Wenn nämlich die blaue Stunde kommt und alle den Nachmittag nachgeholt haben, dann entsteht, fast wie von selbst, eine neue Stimmung. Es wird ruhiger und kühler, so, als würde der kühle Morgen schon Vorboten geschickt haben. Die gefiederte Tierwelt begibt sich nun zur Ruhe und zieht sich in die Baumkronen zurück. Sogar die tagsüber sehr aktiven Insekten scheinen ihr reges Interesse an Erkundungsflügen verloren zu haben und bald werden die von mir so sehr geschätzten Verkünder des Abends, die Grillen und Glühwürmchen, vor den Vorhang treten und dem Abend einen gewissen Zauber verleihen. Würde man jetzt in einen Hühnerstall schauen, ruhig und vorsichtig, dann würden einem die Hühner, soweit man ihnen vertraut ist, nur mehr ganz leise entgegen gurren. Sie sind bereits im Schlafmodus und gackern um diese Zeit nicht mehr. Zieht dann schließlich auch noch der Mond auf, dann wird es ruhiger und ruhiger und Stück für Stück gehen in den Häusern die Lichter aus. Das Dorf geht einem neuen Tag entgegen.

Geschichten aus meiner Kindheit

Die Beschreibung eines Sommertages in meinem Dorf ist eigentlich recht zeitlos, so war es vor sechzig Jahren und so ist es heute. Einziger Unterschied, das Halten von Haustieren zur Selbstversorgung ist aus der Mode gekommen. Und ja, man trifft sich kaum mehr zu Fuß auf der Dorfstraße, man fährt mit dem Auto. Ich möchte nun Erlebnisse aus meiner Kindheit schildern.

Ich erinnere mich zum Beispiel noch sehr gut daran, wie ich an einem heißen Sommertag mit meinem Großvater in den nahen Wald ging, um Himbeeren zu pflücken. Auslöser für diese Aktion war ich selbst, weil ich bei einem Frühstück Großmutters selbst gemachte Himbeermarmelade über den grünen Klee lobte. Großvater schlug in Anbetracht dessen vor, die Himbeeren doch einmal selbst zu pflücken. Ich war sofort dafür, denn ich – damals ein Knirps von fünf Jahren – fand es sehr spannend, mit ihm in den Wald zu gehen. Großvater war von Beruf Wagner – mit Holz also auf Du und Du – und damit in meinen Augen ein Fachmann, was Holz und Wald anbelangt. Es war außerdem eine ausgezeichnete Gelegenheit, tiefer in den geheimnisvollen Wald einzudringen, tiefer als ich es bisher allein wagte.

Ausgerüstet mit schwarzen Gummistiefeln, einem alten – für mich viel zu großen – Rucksack und einem blechernen, verbeulten Milchkanderl ging es dann eines Sommermorgens ab in den Wald. Zu Fuß versteht sich, denn vom Haus sind es nur knappe 800m und schon ist man an der Waldgrenze. Auf dem Weg zum Wald erklärte mir mein Großvater, dass die Himbeeren just auf jenen Flächen des Waldes am allerbesten gedeihen, die bei einer Baumschlägerung entstehen. Solche Flächen liegen dann jahrelang brach und sind komplett der Sonne ausgesetzt. Er nannte diese gerodeten Flächen „Fraten". *„Die Himbeeren brauchen viel Sonne"*, sagte er, *„um richtig reif und süß zu werden und solche Fraten sind der ideale Platz."* Das leuchtete mir ein und ich freute mich schon auf die zuckersüßen Dinger. Was mir aber erst später oder zu spät klar wurde, war der Umstand, dass nicht nur die Himbeeren, sondern auch ich beim Pflücken derer der Sonne ausgesetzt war und ich realisierte erst vor Ort, dass solche Plätze durchwegs in steilem Gelände lagen. Es war also ein sehr schweißtreibendes Vergnügen. Und ich stellte als weitere Erschwernis fest, dass sich in so einem Gelände massenhaft kratzgieriges Gestrüpp und Geäst ausbildete. Als Schutz vor diesen unliebsamen Kratzwunden hatte ich zwar eine kurze Lederhose und Gummistiefel, aber was ich im Laufe des Pflückens auch oder noch mehr fürchtete, war die erste Begegnung mit einer Kreuzotter. Diese lautlosen – und mir gerade deswegen so unheimlichen – Kriechtiere interessieren sich zwar nicht im Geringsten für Himbeeren, aber sie lieben desgleichen sonnige Plätze und wollen bei ihrem Sonnenbad nicht gestört werden. Ich hatte wohl die halbhohen Gummistiefel an, aber bei einem fünfjährigen, nicht sonderlich groß gewachsenen Buben, wie ich es damals war, hätte die Schlange durchaus noch die obere Hälfte der nackt aus den Stiefeln ragenden Wade erreichen und herzhaft zubeißen können. Wie auch immer, es ging alles gut.

Nach zwei Stunden eifrigen Pflückens war meine Milchkanne voll und der deutlich größere Kübel meines Großvaters erst halb voll. Anstatt den Heimweg anzutreten, machte er mir klar, dass auch sein Kübel voll gepflückt werden müsste. Ich murrte innerlich, aber es wäre tatsächlich eine Sünde gewesen, wenn wir die noch im Überfluss vorhanden gewesenen Beeren nicht eingesammelt hätten. Die Hitze nahm mit den Stunden des Pflückens aber gewaltig zu und ebenso mein Durst. Großvater muss das gemerkt haben und reichte mir wortlos seine Thermosflasche. Ich nahm einen Schluck. Nichtsahnend sogar einen sehr kräftigen Schluck!

Um es kurz zu machen. Es war eine gallbittere schwarze Flüssigkeit. Es war meinerseits zu diesem Schluck kein Kommentar nötig, man merkte es schon an meinen geweiteten Augen und den fast schmerzhaft verzogenen Mundwinkeln. Großvater lachte aus vollem Hals und beruhigte mich. *„Mein lieber Bub, das ist ungezuckerter kalter Kaffee. Ich liebe das, das ist der beste Durstlöscher, den es auf der Welt gibt."* Ich nickte mit verzogenem Mund, war aber danach um keinen Preis mehr durstig. Auf dem Heimweg stürzte ich mich dann aber wie verrückt auf eine munter plaudernde Quelle, so, als wenn ich 3 Tage kein Wasser getrunken hätte und war erst ab hier wieder im Normalmodus. Zu Hause angekommen, präsentierte ich meiner Großmutter stolz das Pflückergebnis und erntete dafür auch großes Lob. Am nächsten Tag war die Beute schon sauber in Marmeladengläser oder als Himbeersirup in Flaschen abgefüllt. Als dann die Marmelade und der Himbeersaft im Laufe der nachfolgenden Wochen und Monate verzehrt war, zeigte ich kein Interesse mehr an diesen Beeren. Von heute auf morgen waren die etwas säuerlichen, aber leicht zugänglichen Ribisel-Stauden in unserem Garten viel interessanter und schmackhafter.

Aushelfen auf dem Felde

Ein andermal half ich als Kind mit großer Begeisterung bei der Kartoffelernte eines Bauern mit. Es war keine leichte, aber auch nicht allzu anstrengende Arbeit und für einen halben Tag unentwegten Bückens und Hebens bekam ich immerhin 15 Schilling und als Jause eine Portion Geselchtes mit Brot und ein Kracherl. Mein Kinderherz lachte. Der ausbezahlte Arbeitslohn war ein ansehnliches Zubrot und füllte meine schon arg geschrumpfte Sparbüchse wieder etwas auf. Und ja, das Kracherl, fast hätte ich es vergessen. So ein Kracherl war etwas ganz Seltenes, bei Bauern jedenfalls nicht üblich – die reichten zumeist Most zum Löschen des Durstes – aber in diesem Fall war der Bauer zugleich Gastwirt und so erklärt es sich auf einfachem Wege, warum es ein Kracherl gab.

Noch spannender war es, wenn ich beim Einbringen des Heus helfen durfte. Diesmal aber bei einem anderen Bauern unseres Dorfes. Das war eigentlich kein Arbeitstag für mich, sondern ein ziemlich aufregender Tag. Ich durfte immerhin als 11-jähriger Bub schon einen Traktor fahren. Man darf sich das aber nicht als waghalsiges Unternehmen vorstellen, denn es gab zwei wesentliche Punkte, die dieses scheinbare Abenteuer zu einem harmlosen Vergnügen machten. Erstens war es ein äußerst alter und sehr langsamer Traktor. Er war schon in den anfangenden 60er-Jahren in einem so desolaten Zustand, dass ich mich jeden Tag aufs Neue wunderte, wenn der Bauer mit ihm ausfuhr. Er hatte nur mehr eine halbe Motorhaube, keine Kotflügel, nur mehr einen funktionierenden Scheinwerfer und der Traktorsitz schien aus der letzten Pharaonen-Dynastie zu stammen. Aber der alte Traktor machte unermüdlich und brav seine Dienste. Der Startvorgang war allerdings mit dem, so wie wir ihn heute kennen – Schlüssel umdrehen und ab die Post – nicht im Geringsten zu vergleichen. Es war um vieles anstrengender. Der Bauer musste sich dabei vor den Traktor stellen, eine eiserne Kurbel an der Front des Motors anbringen und dann an der befestigten

Kurbel mit Körperkraft drehen. Zwei bis drei Umdrehungen. Manchmal vier. Dass das kein leichter Job war, konnte man daran erkennen, dass der Bauer dabei meist einen roten Kopf bekam und irgendwie aufgeregt war. Bei der letzten Umdrehung musste jedenfalls eine zweite Person (auf Zuruf des kurbelnden Bauern) einen Stöpsel in eine hierfür vorgesehene Öffnung des Motors stoßen und wenn der Traktor sich dann mit einem – im Klang immer schneller werdenden – „Töff – Töff – Töff – Töff, Töff-Töff-Töff-Töff" zu Wort meldete, war das Werk gelungen. Wenn sich das Klangmuster aber wieder verlangsamte, dann war der ganze Startversuch umsonst und der anstrengende Vorgang musste wiederholt werden. Das passierte aber ganz selten. Und mit diesem Wunderwerk der Technik durfte ich auf einer Wiese fahren. Mit dem ersten Gang. Man konnte mit dem Gaspedal zwar viel Lärm erzeugen, aber das alte Gefährt bewegte sich deswegen kaum schneller. Im Grunde war es nicht mehr als Schritttempo, das mit dem ersten Gang erreicht wurde.

Egal, ich allein war der stolze Kapitän dieses gutmütigen, aber erbärmlich anmutenden Kraftprotzes und durfte ihn samt Anhänger chauffieren. Anfahren, lenken und bremsen. Immer wieder, so oft Heu auf den Anhänger geladen wurde. Und immer brav zwischen den tags zuvor vorbereiteten Heumahden bleiben, hieß das Kommando. Aufgeladen wurde links und rechts der Längsseite des Anhängers. Lenken und Bremsen war ein Kinderspiel, die Königsdisziplin war aber das Anfahren. Das war deswegen so schwierig, weil die Kupplung auch schon ins Alter gekommen war. Man wusste nie, wann sie „zubeißt" und musste sehr vorsichtig und gefühlvoll mit ihr umgehen, wobei gleichzeitig mit dem ausgeleierten Gaspedal für die nötige Kraft beim Anfahren gesorgt werden musste. Die richtige Dosierung zu finden, das war die hohe Kunst. Es gelang mir auch einige Male ganz gut. Beim elften Mal schien meine Konzentration aber einer gewissen Lässigkeit gewichen zu sein und ich ließ die Kupplung etwas zu früh los. Gas gegeben hatte ich genug. Der Traktor machte einen kräftigen Ruck, der schon hoch beladene Anhänger auch. Die Bäuerin, die oben auf dem Anhänger bzw. auf dem Gipfel des schon verladenen Heues stand, um die mit breiten Gabeln unermüdlich hochgehievten Heubündel in Empfang zu nehmen und niederzutreten, hatte keine Chance, sich gegen die Kräfte der Physik zu wehren und fiel mit einem kurzen, spitzen Schrei rücklings ins Heu. Dass ich anlässlich dessen nicht gerade mit Lob überschüttet worden bin, brauche ich wohl nicht extra zu erwähnen. Trotz dieses Missgeschickes durfte ich den Traktor aber weiter bedienen. Das war aber nicht so sehr einer unendlichen Großmütigkeit des Bauern zu verdanken, sondern dem simplen Umstand geschuldet, dass sich ein Gewitter zusammenbraute. Es war jetzt jede Hand gefragt, um alles Heu noch rechtzeitig auf den Anhänger zu bringen. Hätte sich der Bauer hinter das Steuer gesetzt, dann wäre ein Mann weniger zur Verfügung gestanden. Ich hätte nämlich an seiner Stelle – mit der noch kindhaften Körpergröße – die mit Heu gefüllte Gabel niemals auf den schon sehr angehäuften Anhänger hieven können. Mit der nun aus der Not geborenen Arbeitsteilung schafften wir es aber dennoch, vor dem Einsetzen des Gewitters das Heu trocken in die Scheune zu bringen. Ich habe mich auch sehr bemüht, dass sich der leidige Vorfall nicht mehr wiederholt und in den nachfolgenden Nächten wahrscheinlich mehrmals im Schlaf die Kupplung getreten und wieder losgelassen.

Mein Großvater

Bei der Geschichte über das Himbeerpflücken habe ich schon erzählt, dass mein Großvater von Beruf Wagner war. Er war in diesem Beruf so etwas, wie der „letzte Jakob" seiner Branche. In den letzten Jahren seiner Tätigkeit ist nämlich das Interesse an Fortbewegungsmitteln (Kutschen) und jenen Transporthilfen, die nur aus Holz gezimmert wurden, drastisch gesunken. Es war wie abgeschnitten. In den auslaufenden 50er-Jahren brauchte niemand mehr mit Eisenbändern beschlagene Holzräder, jetzt war die neumodische Hartgummibereifung en vogue oder wenn es ganz nobel sein sollte, dann mussten es die neuen luftgefüllten Pneus sein. Am Anfang dieser Trendwende hat sich Großvater noch etwas lustig gemacht über diese neue Entwicklung und gemeint, dass die schon blöd schauen werden, wenn dem Reifen das erste Mal die Luft ausgeht. Einem hölzernen Rad würde so etwas nie passieren. Aber auch wenn er damit recht hatte, es wollte auf einmal niemand mehr Holzräder. Wenn es fallweise noch einen Auftrag gab, dann vielleicht den, ein altes hölzernes Wagenrad bzw. eine oder zwei Holzspeichen zu reparieren oder marode Sprossen eines Leiterwagens zu ersetzen, aber keine Neubestellungen mehr. Dieses uralte und schöne Handwerk wurde durch die modernen und viel schnelleren Blechkarossen und Transporthilfen nun völlig überflüssig. Glücklicherweise konnte sich mein Großvater mit den kleinen Aufträgen doch irgendwie durchwursteln und sich mit seiner zweiten Profession (Imker) auch noch ein kleines Zubrot zur mageren Pension verschaffen. Aber es war ihm schon anzumerken, dass ihm das Aussterben dieses Berufsbildes sehr wehtat. Ich war gerade 7 Jahre alt, als Großvater eines Morgens im November 1960 für immer einschlief.

Wenn ich als kleiner Sprössling ihn in seiner heimeligen Werkstatt aufsuchte, dann haben wir nicht viel geplaudert – mein Großvater war ein sehr wortkarger Mensch – aber ich genoss es, ihm bei der Arbeit zuzuschauen und ich genoss auch den Duft des ständig von ihm frisch bearbeiteten Holzes. Vielleicht gefiel mir auch die Ruhe, die sich in seiner Nähe breitmachte. Ich bewunderte ihn, wenn er an der Drehbank ein Stück Holz in eine fast korinthisch anmutende Säule verwandelte und fand es fürchterlich aufregend, wenn er mit der Bandsäge sich bestimmte Bretter nach Belieben zurecht sägte. Die Bandsäge machte allerdings einen Höllenlärm, so laut, dass man das eigene Wort nicht hörte. Sie nahm ihre Arbeit mit einem ähnlichen Geräusch auf, wie ich es von Feuerwehr-Sirenen kannte. Nur mit dem Unterschied, dass der hohe Ton so lange blieb, solange sie in Betrieb war. Führte man dann das zu bearbeitende Holz an das rasende und schon im passiven Zustand in extrem hohen Ton jaulende Sägeblatt heran, dann entstand ein zusätzliches Geräusch und zwar so, als wenn das Holz das Jaulen des Sägeblattes übertönen wollte. Großvater schien das ohrenbetäubende Gejaule des Holzes aber nicht zu beeindrucken. Für ihn war es wie Musik, sagte er. So wie der Zuschnitt fertig war, schaltete Großvater die Säge aus und mit der letzten Umdrehung des Antriebsrades kehrte wieder die alte beschauliche Ruhe ein. Ich hätte mich wohl kaum als Wagner geeignet, denn ich hätte mich vom Protestjaulen des Holzes wahrscheinlich sehr wohl beeindrucken lassen und es nicht mehr bearbeitet. Aber darüber musste ich mir ja nicht wirklich Gedanken machen, denn der Beruf hatte ja keine Zukunft mehr.

An irgendeiner Stelle seiner Tätigkeit kam dann *der* Moment, meistens unerwartet, in dem er sich eine „Dreier" anzündete, sich hinsetzte und mich anguckte. Er hatte dabei ein undefinierbares Lächeln auf den Lippen und es war mir nie klar, ob es als amüsiert oder als schelmisch gedeutet werden sollte oder ob es einfach ein zufriedenes Lächeln war. Ich lächelte einfach mit und teilte mit ihm die Pause. An Sonntagen gönnte er sich sogar eine Zigarre, die sogenannte „Krumme". Das war dann ein richtig feierlicher Akt. Schon allein *wie* er sie aus der Verpackung holte, wie er sie beidseitig leicht mit der Zunge beleckte, um sie etwas zu befeuchten, dann das Mittelgras entfernte, das Zündholz aus der Schachtel nahm, es entflammte, zwei oder drei Sekunden wartete, bis die Flamme groß und stabil war und dann die Krumme am unteren Ende „anheizte". Das alles war wie ein kleines Bühnenstück. Dann aber war die Krumme in vollem Gange und nun wollte er möglichst nicht gestört werden. Zuschauen war erlaubt. Mit den ersten Zügen an der Zigarre blies er immer genussvoll mehrere Ringe in die Luft. Das bewunderte ich offenbar ausreichend, denn in dieser Phase hatte er viele Lachfalten im Gesicht. Weil ich die von ihm abverlangte Ruhe immer wieder brav einhielt, schien ich ihm eines Tages offenbar so vertrauenswürdig, dass ich in gewissen zeitlichen Abständen eine Sondermission für ihn erfüllen durfte. Wenn die Schachtel „Krumme" sich dem Ende zuneigte, betraute er mich nämlich damit, für Nachschub zu sorgen. In geheimer Mission, denn Großmutter sollte es nicht erfahren. Die Quelle für diesen Nachschub lag mitten in unserem Dorf. Es war ein kleiner, uriger Gemischtwarenhandel in einem der beiden Dorfgasthäuser. Der Wirt hielt für ihn immer ein kleines Depot bereit und war, so wie ich, ein Agent in geheimer Mission und persönlicher Verwalter dieser kostbaren Ware. Wenn Großvater mir das hierfür nötige Geld gab – ich bekam genau das, was sie kosteten, nicht mehr und nicht weniger –, dann war immer ein ganz bestimmtes Leuchten in seinen Augen und ein verschmitztes Lächeln auf seinen Lippen. Er brauchte gar nichts zu sagen, ich wusste sofort, es war wieder so weit. Durch ihn habe ich wahrscheinlich auch gelernt, mehr auf die Körpersprache zu achten, als auf die lauten, aber nicht immer mitteilsamen Dezibel, die später im Laufe meines Lebens immer wieder an mein Ohr gedrungen sind. Mit dem Reden ist es ja oft wirklich so, wie bei der Goldgewinnung. Meistens werden unzählige Tonnen an Erdreich bewegt, um ein paar Gramm zu „ernten". Andere wiederum waschen ganz kleine Mengen aus dem Flusswasser und finden dabei ansehnliche Nuggets.

Was ich bei ihm auch noch lernte, war die Unterscheidung in Hartholz und Weichholz und er zeigte mir, wie man einen Kasten baut, ohne einen einzigen Eisennagel zu verwenden. Ein Kasten einfacher Bauart (ohne Furnier) bestand im Grunde aus fünf Elementen. Aus dem Boden, dem Deckel, zwei Seitenteilen, einer

Rückwand und darüber hinaus aus zwei Türflügeln. Wenn eines dieser fünf Elemente aus zwei Teilen (zwei Brettern) hergestellt werden musste und dann miteinander zu einem Stück verbunden oder wie er sagte, „verschmolzen" werden musste, dann machte er das durch Verzinkung oder Verleimung. Verleimung war keine große Hexerei, aber die Verzinkung erschien mir wie eine hohe Kunst. Bei der Verzinkung handelte es sich aber nicht etwa um einen chemischen Prozess, sondern um eine ganz besondere, fast kunstvolle und passgenaue Methode der Holzbearbeitung. Es musste nämlich eine trapezförmige Ausnehmung in das eine Brett gemacht und das andere Brett mit einer „Nase" versehen werden, das genau in die trapezförmig ausgefräste Ausnehmung des anderen Brettes passte. Wie Yin und Yang. Wie auch immer er es anstellte, es passte jedes Mal wie perfekt, wie angegossen und die zwei Bretter waren zu einem Brett vereint. Wenn dann alle Kastenelemente hergestellt waren, wurden als Erstes beide Seitenteile in den Kastenboden gesteckt, eine links, die andere rechts, der Deckel draufgesetzt, ohne Druck, danach die Rückwand angebracht und jetzt der Deckel endgültig niedergedrückt, er musste „einrasten". Nun war der Kasten stabil, konnte alleine stehen und als letzter Schritt wurden die Türflügel eingehängt. Ja, fast hätte ich es vergessen, die Rückwand durfte nicht aus mehreren Teilen zusammengeleimt sein, sondern musste „aus einem Guss" sein, sonst hätte sie die ihr zugedachte Funktion, eine Stütze des Kastens zu sein, nicht erfüllen können. Fertig. Die Angeln für die zwei Türflügel und das Sperrschloss waren die einzigen Metallteile, die im Kasten verarbeitet wurden.

Ich habe aber nicht nur Stimmungsbilder aus seiner Werkstatt in Erinnerung, ich erinnere mich auch an jene Stunden, in denen sich meine Großeltern zur Ruhe begaben. Die Großeltern bewohnten zwei Mansardenzimmer im ersten Stock des von meinem Vater in Eigenregie erbauten Hauses. Mein Vater war auch wirklich ein Multitalent und er hat mit viel Fleiß und viel persönlichem Engagement ein sehr schönes Zuhause errichtet. Um es von fremder Hand errichten zu lassen, fehlte einfach das Geld.

Das Kinderzimmer, das ich lange mit meiner älteren Schwester teilte, lag im ersten Stockwerk, wie die zwei Mansardenzimmer meiner Großeltern (eine Wohnküche und ein Schlafzimmer). Parallel zum Wohnhaus gab es noch ein zusätzliches Hofgebäude. In diesem befand sich die besagte Werkstatt meines Großvaters, eine Holzhütte, eine Waschküche mit einem Kochkessel und ein kleiner Hühnerstall. Ja, es wurde damals noch per Hand die Wäsche gewaschen (Waschrumpel) und ja, wir hatten damals auch Hühner. Zu dieser Zeit hatte eigentlich fast jeder Haushalt ein oder mehrere Haustiere, ein paar Hühner, ein oder zwei Schweine, eine Kuh, Ziegen oder eine beliebige Kombination daraus. Man war deswegen noch lange kein Bauer, aber man war auf kleiner Ebene doch Selbstversorger; der eine mehr, der andere weniger. Zu unseren Hühnern fällt mir ein Erlebnis ein, das mir als kleiner Knirps widerfuhr und mir einen ungeheuren Schrecken einjagte. Ich war damals ein Dreikäsehoch von knapp einem Meter und hatte, während ich über den Innenhof schlenderte, ein Butterbrot in der rechten Hand. Die Hühner konnten auf unserem Grundstück frei herumlaufen und so kam es, dass mein leckeres Butterbrot sofort auf dem Radar einer Henne auftauchte (mit schlapper Kinderhand gehalten schwebte es ja nur 40 cm über dem Boden). Ich ahnte nichts. Die Henne aber, die das Brot schon längst im Visier hatte, schlug aus dem Hinterhalt zu, „krallte" sich das Brot mit einem blitzartigen Schnabelhieb und rannte aufgeregt davon. Ich war so geschockt, als wenn es ein Angriff auf Leib und Leben gewesen wäre und rannte wild schreiend ins Haus. Großmutter tröstete mich und meinte, die Henne wird einfach gedacht haben, dass ich sie füttern wollte und gab mir ein neues Butterbrot und die Welt war wieder in Ordnung. Ich war zwar noch immer wütend auf die Henne, weil ich zum ersten Mal dem aggressiven Verhalten eines Diebes ausgesetzt war, aber ich habe der Henne trotzdem kein frühes Ende gewünscht. Einige Wochen später gab es Brathuhn und Salzkartoffeln und ich weiß bis heute nicht, ob ich auf diese Weise nicht doch das gestohlene Butterbrot in leicht abgewandelter Form verspeist habe.

Aber eigentlich wollte ich ja von den Stunden erzählen, in denen sich meine Großeltern auf die Nacht vorbereiteten. Großmutter kämmte sich, auf dem Bett sitzend, ihr tagsüber zu einem Knoten gebundenes Haar, Großvater hatte um diese Zeit eine breite grauweiße Bartbinde um (er hatte einen passablen aufgezwirbelten Schnurrbart) und saß angespannt vor dem Radio. Das Radio war ein rabenschwarzer mittelgroßer Kasten (aus Bakelit) mit drei Drehknöpfen an der Front und über den Drehknöpfen befanden sich kleine mit Stoff verkleidete Ausnehmungen für die dahinter versteckten Lautsprecher. Das Radio brauchte nach dem Einschalten recht lange, bis man ihm etwas entlocken konnte. Die Röhren brauchten einfach ihre Zeit, bis sie ordentlich warm wurden, aber dann entpuppte es sich als wahres Wunderwerk. Mich interessierte aber nicht so sehr die Bauweise des Gerätes, sondern jene speziellen Geräusche, die man ihm mit einem ganz bestimmten Drehknopf entlocken konnte und zwar mit dem Drehknopf für die Langwelle. Wenn ich meine Augen lange auf den Apparat richtete, wusste Opa, was ich mir wünschte und wenn es nicht mitten in den Landesnachrichten war, erfüllte er mir den Wunsch und drehte ein wenig an diesem besonderen Drehknopf hin und her. Genauso wollte ich es, hin und her. Ich war fasziniert von dem vielfältigen Gemurmel und den in ihrer Höhe wechselnden Pfeiftönen, die da aus aller Welt aus dem Radio in mein Ohr drangen. Nach fünf bis zehn Minuten war mein Interesse aber wieder gestillt, ich verabschiedete mich und ging auch schlafen.

Meine Großmutter

Damit meine Großmutter bei all den Erzählungen nicht zu kurz kommt, muss ich ihr nun auch ein paar Zeilen widmen. Sie entstammte einer kinderreichen Familie und war eine recht einfache, aber sehr liebenswürdige Frau. Weil meine Eltern berufstätig waren, war sie tagsüber für mich die Ersatzmutter. Sie sorgte sich bis zu meinem 18. Lebensjahr um mein leibliches Wohl und das nicht schlecht, denn so oft sie konnte, verwöhnte sie mich mit meinen Lieblingsgerichten. Und da gab es eine ganze Menge an einfachen, aber trotzdem lukullisch hochwertigen Hochgenüssen. Sie selbst hatte zwei Lieblingsgerichte. Eines davon war Gurkensalat. Das zweite Leibgericht reduzierte sich auf die ausgekochten Fleischteile aus einer Hühnersuppe. In der Hühnersuppe landete meist ein altes Huhn und dann aber auch der Kragen und die Haxen, also die Füße der Henne samt Krallen. Es war für sie ein absoluter Hochgenuss, den Kragen und die kompletten Füße – mit einem Messer bewaffnet – abzunagen und abzuschaben. Aber das war nichts im Vergleich zum Gurkensalat. Sie verfiel richtig in Euphorie, wenn sich der Duft von Gurken bzw. der Duft eines Gurkensalates durchs Haus zog. Das war für sie der siebente Himmel. Seltsamerweise war sie um nichts in der Welt davon abzubringen, die feinblättrig geschnittenen Gurken per Hand auszuwringen, ehe sie in die Salatschüssel kamen. Sie war nämlich felsenfest davon überzeugt, dass der Gurkensaft zu unangenehmen Blähungen führen würde. Aus heutiger Sicht hat sich Großmutter wahrscheinlich um einen großen Teil des wahren Gurkengeschmackes gebracht, denn jeder nach ihrem Ableben von mir verspeiste Gurkensalat trug den Gurkensaft immer in sich und nichts von dem, was sie immer wieder befürchtete und uns ersparen wollte, geschah. Aber, ich will nicht lästern, vielleicht gab es zu ihrer Zeit eine besondere Gurkensorte.

Sie ist mir jedenfalls als Repräsentantin einer Zeit in Erinnerung geblieben, die von einer gewissen Gemütlichkeit, von einer außerordentlichen Bescheidenheit und auch von einer Abscheu vor dem Neumodernen geprägt war. Sie ging so gut wie nie aus dem Haus, hatte immer ein „Hauskleid" an und trug es mit dem Motto: „Immer schön, ist nie schön." Sie war auch nie auf Urlaub. Der einzige bescheidene Tapetenwechsel im langen Jahresablauf bestand darin, dass sie ihre drei in Klagenfurt ansässigen Töchter zu allen heiligen Zeiten aufsuchte. Per Bus.

Sie hat mir einmal (in den 60er-Jahren) ein Gedicht aus ihrer Kindheit vorgetragen, welches mich zuerst belustigte, dann aber mehr und mehr nachdenklich stimmte. Das Gedicht erzählt nämlich vom Niedergang des Bauernstandes. Wie das? Großmutter kam doch aus einer Zeit, in der sich die Bauern wie kleine Kurfürsten (Kaiser) fühlten und auch so gebärdeten und viele Knechte und Mägde hatten. Sie kam damit aus einer Zeit, in der die Landwirtschaft noch brummte. Innerhalb des Gesindes gab es sogar eine eigene Rangordnung; Knecht war nicht gleich Knecht und Magd nicht gleich Magd. Der Rossknecht war im Rang höher, als der normale Hausknecht und die für die Schweine zuständige Magd, hatte den niedrigsten Rang im Gesinde. Es gab sogar eine eigene Tischordnung, soll heißen, dass das Gesinde nicht am selben Tisch mit den Bauersleuten Platz nahm, sondern an einem mit einer gewissen Distanz abgesonderten Tisch das Essen einzunehmen hatte. Das sind Bilder, wie ich sie aus meiner frühen Jugend noch gut in Erinnerung habe und es sind Bilder, die von einer doch florierenden Landwirtschaft und zugleich von einer ziemlich herrschaftlichen Hierarchie zeugen. Dem Bauernstand muss es in der ersten Hälfte des 20. Jh. also noch recht gut gegangen sein, sodass ein Gedicht über den Bauernstand der damaligen Zeit doch eher als Lobgesang abgefasst hätte werden müssen. Aber lesen Sie selbst.

Nun das Gedicht (in Mundart):

Mei Haus steht auf 6 a 7 Spreitzer, a 2 a 3, müassn noch sein.
I trau mi schon nimma laut schneiza, i denk ma, da Krempl follt ein.
Da Brunn der tuat a ollweil kroatn, muss's ganze Johr Wossa zuloatn
Do rinnt's ma hintn und vurn aus, do hob i nochamol ka Wossa ban Haus.
Ah, do geh i liaba Strohhüatlan flechtn, is no allweil besser wia Fechtn (Bettln),
do nimm i mei gwisses Geld ein, a Bauer mog i so eh nimmer sein.

Da meine Großmutter (geb. 1894) dieses Gedicht schon aus ihrer Kindheit kannte, dürfte es so um 1900 (vielleicht auch früher) entstanden sein. Ein Zeitfenster, das also von den Jahren vor Ausbruch des Ersten Weltkrieges, über den Zusammenbruch des Kaiserreichs bis hin zu den Anfängen der von Armut und Not geprägten und nicht gerade glanzvollen Dreißigerjahre reichen könnte. Das Gedicht erzählt jedenfalls von einem abgewirtschafteten Hof und von einem vor dem Verfall stehenden Bauernhaus, erzählt von einem alten Hausbrunnen, in dem mehr Kröten waren, als Wasser und sagt, dass die Bauern über eher magere Einkünfte verfügten. Das sind Merkmale, die ich dem Bauernstand vor und nach der Kaiserzeit aber nicht zugeschrieben hätte, auch nicht den Bauern der 1930er-Jahre. Wenn es jemandem aus dem Volke in dieser Zeit gut oder annähernd gut ging, dann waren es gerade die Bauern; sie allein konnten sich selbst versorgen. Dachte ich mir jedenfalls. Wenn es nicht so war, dann muss sich der Bauernstand jedenfalls dreißig Jahre später, in den 1960er-Jahren, stark verbessert haben, denn er hat sich mir, als jungen Buben, als ein durchaus gesicherter Berufsstand präsentiert. Es schien mir damals sogar interessant, Bauer zu sein. Man hatte viele Freiheiten, war sein eigener Herr und in hohem Maße Selbstversorger. Urlaub war und ist allerdings ein Fremdwort für einen viehzüchtenden Bauern. Damals wie heute. Ich hatte in meiner Kindheit und Jugend (1953 bis 1970) jedenfalls nicht den Eindruck, dass es den Bauern schlecht gehen würde. Wohl muss ich anmerken, ich war damals kein Erwachsener, hatte auch andere Bedürfnisse und ich glaube sagen zu können, dass ich auch recht bescheiden war. Damit ergibt sich wahrscheinlich eine andere Perspektive in punkto Lebensqualität. Es ist mir aber nicht entgangen, dass der Bauernstand in den 70er-Jahren und fortlaufend bis zur Jahrtausendwende sehr wohl an Boden verlor. Nicht an Boden im Sinne von Anbauflächen verlor, sondern im Sinne von Verankerung in der Gesellschaft. In dieser Dekade erschien mir der Bauernstand erstmalig sogar wie ein kranker Mann und ist wahrscheinlich mit dem Einsetzen der EU-Regulierungen vom kranken Mann zu einem sterbenden Mann geworden.

Während es in meiner Kindheit (in den 1960er-Jahren) in meinem Dorf noch 11 Landwirte gab, gibt es nun – 60 Jahre später – nur noch zwei Bauernhöfe alten Stils (Ackerbau und Viehzucht). Die anderen 3 Bauern und die 6 Klein- und Kleinstbauern sind von der Bildfläche verschwunden, ebenso der einzige Schmied, den wir in unserem Dorf hatten. Und diese Schmiedewerkstatt, ja, die war etwas ganz Besonderes für mich. Es war eine rabenschwarze Werkstatt, ein Raum, in der der Teufel zu übernachten schien. Durch die ständige Kohlebefeuerung der Esse lag auch immer ein leicht säuerlicher Geruch in der Luft, Tag und Nacht. Der Geruch stammte zwar nicht von den körperlichen Ausdünstungen des Teufels, sondern von den Abgasen verbrannter oder verglimmender Kohle. Wenn ich diese schwarze Höhle betrat, war ich neugierig, aber immer ein bisschen ängstlich. Der Schmied war meist auch schwarz im Gesicht, was nicht gerade vertrauenerweckend war, und wenn etwas in dieser Höhle nicht schwarz war, dann waren es die am äußeren Rand gelb und im Innenteil leicht bläulich schimmernden und immer lodernden Flammen der Esse. Meist kam noch ein Fauchen hinzu und das stammte vom Blasebalg, den der Schmied ab und zu mit dem rechten Fuß betätigte, um die Hitze der Glut je nach Bedarf zu erhöhen. Einmal habe ich zugesehen, wie der Schmied ein Hufeisen „zubereitete". Als das Hufeisen glühend rot war, nahm er es aus der Esse und tauchte es in einen Bottich mit Wasser. Das passte dem Eisen offenbar gar nicht, denn es fauchte dabei wie ein wildes

Tier. Das auf diese Weise widerwillig abgekühlte, aber noch immer höllisch heiße Eisen trug der Schmied dann mit einer langstieligen Zange hinaus ins Freie, wo ein Pferd geduldig wartete und dessen Besitzer bereits vorsorglich das betreffende Bein (Vorderlauf) in abgeknickter Haltung zum Beschlagen bereithielt. Der Schmied legte das brandheiße Hufeisen auf den hornigen Teil des Hufes, dass es nur so zischte und rauchte, und nagelte dann das Eisen am Fuß fest. Ich war platt. Das brave Pferd machte keinen Muckser, obwohl ein heißes Eisen an den Füßen aufgebracht und ihm dann sogar Nägel in die Füße geschlagen wurden! Ich verstand die Welt nicht mehr. Was war ich bloß für ein wehleidiges Etwas. Ein Bienenstich und schon brüllte ich. Pferde sind offenbar härter im Nehmen als ich.

Eine Erinnerung möchte ich noch erzählen. Wenn an einem Freitag Baden angesagt war, dann hieß es bei einigen Nachbarfamilien nicht, die Badehose, einen Ball und Taucherbrille einzupacken, nein, nein, dann hieß es einen großen Holzzuber mit Wasser zu befüllen und sich der körperlichen Hygiene zu widmen. Der Zuber wurde zuerst nur zur Hälfte mit kaltem Wasser befüllt und danach kübelweise heißes Wasser zugemischt und dann sind die Kinder nacheinander in ein und dasselbe und in Folge mehr und mehr mit Hirschseife angereicherte Wasser gestiegen. Das fand aber nicht etwa im Inneren des Hauses statt, weit gefehlt. Dazu fehlte meist der Platz. Das ging meist im Freien über die Bühne.

Wenn ein Mädchen aus dem Zuber stieg, dann hielt die Mutter meist ein großes Laken bereit, um den biologischen Unterschied zwischen Buben und Mädchen vor den Augen der neugierigen Buben weiter geheim zu halten. Keine Ahnung, warum die Körper der Mädchen schützenswerter waren, als die der Buben, aber es war so. Wenn man trotzdem einen Blick auf das Verborgene erheischte, dann war es aber keine allzu große Sünde. Wenn man streng katholisch erzogen war, konnte man diese Missetat außerdem am drauffolgenden Sonntag mit einer Beichte wiedergutmachen. So gesehen konnte man sich die im Kopf inzwischen unauslöschlich abgespeicherten Bilder mit einem Vaterunser im wahrsten Sinne des Wortes absegnen lassen. Und so streng wie alle sagten, so streng war der Himmelvater gar nicht.

Bei den Bauern war das Baden nicht viel anders, es stiegen nacheinander allerdings mehr Menschen in den Zuber. Mir wurde einmal erzählt, dass sich zuerst alle 5 Bauersleute und dann noch das gesamte Gesinde in einem einzigen Badewasser gebadet haben, aber ich glaube das einfach nicht und denke mir, da wird schon ein bisschen Sensationslust des Erzählenden vorgeherrscht haben. Geduscht wurde jedenfalls mit einem Wasserschlauch, der Warmwasser nicht kannte. Man darf jetzt aber nicht glauben, dass die Menschen von damals nicht reinlich gewesen wären, die Körperhygiene wurde unter dem Jahr halt mit dem Lavoir erledigt und es scheint, als hätte das durchaus genügt, denn es gab damals keine Allergien und keine Unverträglichkeiten.

Der Autor

Karlheinz Stöflin (Jahrgang 1953) hat an der Wirtschaftsuniversität (Wien) studiert und gleich nach dem Studium als Auditor in einer Spezialbranche sein Brot verdient. Das Lesen guter Bücher (vorwiegend klassische Literatur) war nicht nur seine große Leidenschaft, sondern – wie sich erst vor wenigen Jahren herausstellte – auch Anreiz, selbst Autor zu werden.

Mit dem Erstlingswerk „Arche Noah 2.0" (erschienen 2017) und mit dem Nachfolgewerk „Homo sapiens, adieu?" (erschienen 2019) hat er die ersten literarischen Duftmarken gesetzt. Mit beiden Büchern und mit dem nun vorliegenden Gedichtband lässt er tief in seine Seele blicken.

Über sich selbst und sein Leben sagt der durch und durch italophile Autor ganz bescheiden: „Außer der – einem riesigen Glück gleich kommenden – Adoption (Bub aus Äthiopien) vermag ich keine weiteren Aufreger zu nennen. Dieses Kind ist für uns wie ein Jackpot und ein Jackpot im Leben muss genügen "

Der Verlag

novum VERLAG FÜR NEUAUTOREN

„*Wer aufhört besser zu werden, hat aufgehört gut zu sein!*

Basierend auf diesem Motto ist es dem novum Verlag ein Anliegen neue Manuskripte aufzuspüren, zu veröffentlichen und deren Autoren langfristig zu fördern. Mittlerweile gilt der 1997 gegründete und mehrfach prämierte Verlag als Spezialist für Neuautoren in Deutschland, Österreich und der Schweiz.

Für jedes neue Manuskript wird innerhalb weniger Wochen eine kostenfreie, unverbindliche Lektorats-Prüfung erstellt.

Weitere Informationen zum Verlag und seinen Büchern finden Sie im Internet unter:

w w w . n o v u m v e r l a g . c o m

Karlheinz Stöflin

Arche Noah 2.0
... einfach zum Nachdenken

ISBN 978-3-99048-881-2
222 Seiten

Kann die Evolutionstheorie unser Sein erklären? Liegt die Antwort in der Genesis? Ist die Bibel ein Märchenbuch, die Sintflut ein Märchen? Wird es eine neue Sintflut geben und wen wird es dann erwischen?
Verblüffende Antworten auf diese Fragen in diesem Buch!